| 梵高 |

见过生活凌厉，
依旧内心向暖

杨剑 著

中国华侨出版社

图书在版编目（CIP）数据

梵高：见过生活凌厉，依旧内心向暖 / 杨剑著 .—北京：中国华侨出版社，2017.10
  ISBN 978-7-5113-7042-6

Ⅰ.①梵… Ⅱ.①杨… Ⅲ.①梵高，V.（1853-1890）—传记 Ⅳ.① K835.635.72

中国版本图书馆 CIP 数据核字（2017）第 220216 号

梵高：见过生活凌厉，依旧内心向暖

著　　者 / 杨　剑
责任编辑 / 桑梦娟
责任校对 / 高晓华
经　　销 / 新华书店
开　　本 / 880 毫米 ×1230 毫米　1/32　印张 / 8　字数 /197 千字
印　　刷 / 三河市华润印刷有限公司
版　　次 /2017 年 11 月第 1 版　2017 年 11 月第 1 次印刷
书　　号 / ISBN 978-7-5113-7042-6
定　　价 /32.00 元

中国华侨出版社　北京市朝阳区静安里 26 号通成达大厦 3 层　邮编：100028
法律顾问：陈鹰律师事务所
编辑部：（010）64443056　　64443979
发行部：（010）64443051　　传真：（010）64439708
网　　址：www.oveaschin.com
E-mail：oveaschin@sina.com

前言

在BBC评选的"世界上最贵的十幅画"中,《向日葵》《星空》《夜空下的咖啡馆》《加歇医生》赫然在列,拍卖成交价格已然达到千万美金,屡屡刷新艺术界的纪录。这几幅画作者来自同一个画家:文森特·梵高。

人们对他的追捧不仅体现在对他作品的一掷千金上,他的名声如此响亮,以至于没有什么艺术素养的人也买来他作品的复制品装点房间,也能说出他人生中几件逸事;他生活过的小地方——阿尔勒、安特卫普、奥维尔,以前默默无闻,现在也成了艺术爱好者的朝圣地;他的画作深深影响了包括表现主义、野兽派等整个现代艺术,与塞尚、高更一起并称为"后印象派三大代表人物"。

坐拥这等盛名,谁能想到梵高生前一幅画都卖不出去,没有成家,被周围人嘲笑驱逐呢?谁能想到这样的天才仅仅在这个世界上生存了不到40个年头?

人生的前20年,他过着和普通人无异的生活:他的父母和家庭并不是特别显赫,但父母恩爱,5个孩子天真活泼,倒也能享受天伦之乐。父母十分重视对孩子的教育,性格稍微内向的梵高养成了读书、思考和绘画的好习惯。16岁那年,梵高听从家人的安排,进入古比尔画廊做美术品销售,这一干就是4年。

从20岁到27岁的7年,是一个混乱的摸索期。求爱失败的刺激和长久以来对庸常销售生活的忍耐促使他放弃别人强加给自己的生活，开始走上主动选择的一条路——宗教。这份选择来源于在牧师父亲旁边的耳濡目染，更来自他悲天悯人、想要普度众生的善意。他兴致盎然地去报考神学院，却因为这古怪的性格被拒绝。可是，勇往直前的他不顾没有固定的教职和编制，深入比利时最艰苦的博纳日尔矿区做一个牧师。在暗无天日的地下，他更感受到矿区工人苦难的厚重，也发现那些衣冠楚楚的宗教宣扬者不过是沉浸在救赎别人的幻想中，对他们的生活并没有实际帮助。在那几年，他深刻地理解到尼采的"上帝死了"那种悲哀。在反复权衡下，他决定放弃这条道路，用另一种实际的方式帮助这些底层人。

在迷蒙一片、看不清前路的人生路口，迷茫和困顿会弥漫在人们心头。快到30岁时总有一种时不我与、功业未就的急迫感，梵高也是这样。在弟弟提奥强大的鼓励和支持下，他跌跌撞撞地走上了创作的道路。他东奔西走，去学素描、学解剖、学油画、学色彩，然后蜗居在一个地方消化，把内心的全部细碎感受和对世界的感悟都吐露在画里。一开始，他还踩着别人的足迹，后来他就摸索出了自己的一条路，越走越远，直到抵达自己的心灵最深处，触碰到那些最深的痛和孤独，再无知返。

梵高的一生是孤独的一生。家人和朋友的不解、周围人的白眼和嘲笑、艺术界的不认可都像一阵阵暴风雨，把他的世界吹得彻骨冰冷，能为他御寒的只有他自己对艺术和生活的热情。然而，在日益严苛的外部环境下，这一火苗也慢慢熄灭，在37岁那年他用手枪终结了这一世孤独。

所以，要体会梵高人生体悟之深和画作韵味之浓，我们必须要和当年的梵高一样，沿着他探索自我的足迹，深入他的艺术殿堂。

目录

第一章　家族希望：梵高诞生，寂静的童年生活
　　一　梵高家族和第二个文森特诞生 / 003
　　二　自然的亲近者 / 006
　　三　惊人的秘密 / 008
　　四　求学生活初尝孤独 / 013

第二章　小荷初露：绘画天才，走上画商道路
　　一　崭露绘画天分 / 019
　　二　当上了画商 / 021
　　三　来到伦敦 / 029

第三章　不弃热情：恋爱失败，乐做宗教布道者
　　一　治疗失恋 / 035
　　二　备考神学院 / 040
　　三　布鲁塞尔福音学校 / 045

第四章 贫困挫伤：矿区布道，生活信心受打击

一　布道受挫　/ 051

二　矿区生活　/ 056

三　提奥来临　/ 061

四　开除公职　/ 066

第五章 东奔西跑：他乡学艺，开创新的绘画技巧

一　布鲁塞尔抱憾终身的友谊　/ 071

二　初到纽南　/ 079

三　与家庭的矛盾　/ 083

四　安特卫普　/ 086

五　到巴黎去　/ 094

六　科尔芒画室里的信息爆炸　/ 102

七　两个叛逆者　/ 105

八　迷人的唐伊老爹　/ 109

九　遇见高更　/ 112

十　初见高更　/ 114

十一　小试牛刀的点彩画 / 118
　　　十二　离开巴黎 / 122

第六章　初被认同：渴望生活，创独特绘画风格
　　　一　一个人的阿尔勒 / 129
　　　二　夜幕下的咖啡馆 / 133
　　　三　和高更的共同生活 / 137
　　　四　生活习惯的迥然不同 / 151
　　　五　阿尔勒医院的寂寥 / 163
　　　六　告别阿尔勒 / 170
　　　七　彻底离开黄屋 / 173

第七章　恋爱婚姻：一生不幸，曲折的感情经历
　　　一　无疾而终的暗恋 / 185
　　　二　无法祝福的单恋 / 192
　　　三　意外的恋爱时光 / 199
　　　四　无力回应的仰慕 / 208

五　露水姻缘的温暖　/ 214

第八章　巨星陨落：理智丧失，开枪自杀终陨落

　　一　孤独的自我斗争　/ 219

　　二　绘制《新生》　/ 222

　　三　悲喜交加的家庭团聚　/ 225

　　四　带来死神的黑乌鸦　/ 232

第九章　身后盛名：绘画明星，唤醒良知的世界

　　一　姗姗来迟的盛名　/ 241

　　二　我们的追思　/ 243

第一章 家族希望

梵高诞生，寂静的童年生活

和很多童年时就显示出色的绘画才能和坚定的艺术理想的画家相比,梵高的童年和"绘画"并没有太大的交集。虽然母亲爱好绘画,伯父等人是欧洲赫赫有名的画廊合伙人,但这时的梵高仅仅觉得那是一件挺有意思的事情,并没有当画家的志向,这时的他,和其他普通孩子一样经受着家庭和学校生活。只是,幼儿的他已然凸显出他安静沉稳的气质,对宗教、绘画和大自然的喜欢让他接触到更丰富空灵的世界,这也在冥冥之中把他引上绘画的道路。

第一章 家族希望：梵高诞生，寂静的童年生活

「一」
梵高家族和第二个文森特诞生

按照现在的标准来看，梵高出生在一个文艺世家。他的祖父是一名受荷兰人尊敬的牧师，育有12个孩子。他的爸爸提奥多勒斯·梵高是唯一一个继承祖父事业的人。在童年立下当牧师的志向后，他勤勉学习，一路经历了神学院的选拔考试和学习培养，成功地当上了一名新教牧师，负责很多区的传教。父亲心地善良、性情和蔼，如果他在为教民宣传教义时听说了某个人的生活有困难，也会主动地给予一些经济帮助。但是，他也如他的职业一般，是一个追求稳定、思想传统的人，他信奉规则，对一些新兴激进的东西总是持有保留态度。

在他的11个叔父中，和梵高家走得近的共有3位，这3位也有着不俗的成绩。他们都有着热爱绘画，经营绘画艺术品的传统。他的伯父文森特拥有古比尔画廊一部分股份，该画廊在阿姆斯特丹、海牙、布鲁塞尔、巴黎、伦敦等地都开有分店，是欧洲大陆最主要的艺术画廊之一。而他的另外两位叔叔也分别在布鲁塞尔和阿姆斯特丹有着自己的画廊。文森特和提奥多勒斯一家的关系最为密切，因为，他们兄弟两人一起娶了一对姐妹。文森特夫妇一生没有子女，最大的乐趣就是在生意不忙时到提奥多勒斯家里，共享天伦之乐。

婚后，提奥多勒斯一家住在荷兰北布拉班特省的津德尔特。按照当时的收入标准，一个牧师的收入并没有打理画廊生意的所得丰厚，但是，提奥多勒斯可以免费地居住教区分给他们的住所，而且他也是一个对物质欲望并不强烈、安心于自己的宗教事业的人，所以，和自己的兄弟相比，提奥多勒斯也能做到不卑不亢。

这一对兄弟还找到和他们十分匹配的生活伴侣。他们娶的是荷兰威廉·卡本特斯的女儿们。威廉·卡本特斯专注于做装订文件的生意，在荷兰第一部宪法颁布后，他的装订店由于为宪法提供装订材料而名声大噪，一时间生意十分兴隆，他本人也被称为"皇家装订工"。这位文化商人在经过考察之后，把自己的两位亭亭玉立的女儿安娜·卡本特斯和科尼利亚·卡本特斯嫁给了提奥多勒斯·梵高和文森特·梵高。

这位装订商的女儿安娜也有着自己的独特品位和兴趣爱好。出嫁后的日子里，她主动扮演着一个相夫教子的贤妻良母角色，无怨无悔地支持着提奥多勒斯的宗教事业，也耐心地教育着他们的6个子女。夫妻两人一个热爱读书，一个热爱绘画，对志趣相投的对方十分满意，也为家庭营造了高雅的艺术和教育氛围。

1852年3月30日，他们的第一个孩子在10个月的期待和守候后呱呱坠地，这个男孩继承着妈妈的白皮肤和爸爸的大眼睛，生得让人怜爱。梵高夫妇欣喜若狂，给这个男孩起名文森特·梵高。可是，令人没想到的是，仅仅几周过去，文森特竟然一命呜呼，震惊的梵高夫妇把已然没气的孩子送到医生那儿，诊治了半天，医生只说有可能与营养不良有关。得而复失的事实沉重得让人难以接受，安娜也大病一场，昏迷中的她都在默念着"文森特"的名字。

在一年后的同一天，又一个男孩诞生了，这让笃信基督教的提

第一章　家族希望：梵高诞生，寂静的童年生活

奥多勒斯夫妇不得不认为这是上帝给他们的补偿，于是也给他起名为文森特·梵高。他们小心翼翼地抱着这个孩童，仔细打量着这个新生命。

"可是，他长得和那个孩子一点也不像啊。"安娜抱着文森特，看着他皱巴巴的小脸、小眼睛和满脸的雀斑，十分心酸地说。在第一个梵高去世之后，夫妻两人默契地把指代词换成了"那个孩子"以避免直接的联想和伤害。梵高出生的日子让安娜不自觉地想到那个逝去的孩子，如果不出意外，那个漂亮的男孩今年已经1岁，都能叫自己一声"妈妈"了。提奥多勒斯看出了安娜的心思，只是叹了一口气，紧紧地抱住了她和孩子。不管如何，这两位都是他生命中最亲近的人，任何事情都要一起面对。就这样，他们抱着这种半是疼爱、半是排斥的矛盾态度接受了这个新出生的文森特。

在热爱艺术的年轻人当中，古比尔画廊是一个兼具艺术性和商业性的地方，而文森特牧师也是一位值得尊敬的人，所以他们家族也就收获了经济的富足和良好的社会声誉，对孩子和继承者的要求也是按照十分正统的标准，要成为足够体面的社会中产阶级，决不允许半点偏离。小文森特出生之后，他们也是按照这个标准来培养他。

提奥多勒斯认为，不管孩子的水平能不能吸收一些教学内容，都要为其创造一个能受到熏陶的良好学习环境。在梵高还是蹒跚学步的孩童时，他就把小孩子当成了自己的教民，对着他朗诵着《圣经》的节选，仿佛这样他就能一夜之间变成引经据典的牧师；他也会抱着梵高站在画板前，教他一点点辨识各种颜色和基本形状的绘制；有时，他也会播放一些古典的曲子给他，培养他的乐感。在小梵高一天天长大的日子中，他仿佛看到了将来：自己的儿子将是社会的栋梁、家里的骄傲和家庭的支持。

「二」
自然的亲近者

彼时,他们居住的津德尔特还没有受到工业革命的侵蚀,这儿的人们还是依靠传统的农业为生。这儿也是一幅田园牧歌的景色:麦田绕房,流水潺潺,鸟语花香,树木挺拔。提奥多勒斯对于这儿的环境十分满意,常常带着妻子和幼小的梵高一起漫步在小镇的路边和各个角落,欣赏这令人安心的美景。说来也怪,不论散步到什么时候,小梵高总是睁着那双眼睛,对周围的一切左看看右看看,流露出无比的好奇。

幼小的梵高已然展现出对自然的亲近,即使他还是个蹒跚学步的孩童。梵高对轰隆隆的闪电一点都不害怕,被父母抱回去后,竟然还踢着自己小脚表达着愤怒,这让父母十分惊奇。长大之后,梵高也很喜欢和外出宣讲教义的父亲一起出去,在路上看到的渐渐上升的红日、飞入树丛的云雀和雨后开出的花朵都让他惊喜欢呼。他嘴中关于自然的问题层出不穷,有的时候连父亲也招架不住。等弟弟提奥长大了一点之后,小哥俩也经常在后花园里看花、捉蝴蝶,一待就是一下午,往往连晚饭的点也忘记了,回到家要挨母亲的好一顿骂。他会在花园里待到很晚,带着自己的植物恋恋不舍地回到家里,在房里忙上一阵子,把植物做成标本,为家里平添一点摆设。

第一章 家族希望：梵高诞生，寂静的童年生活

直到长大后，梵高还记得那些和父母一起在户外散步的情景："我们童年的记忆全部泛起，我和爸爸一起散步……在生长着绿色谷物的黑土上空，云雀在歌唱；辉煌的蓝天上飘着白云；然后是两旁长着桦树的石子路……北布拉班特总是北布拉班特，故乡总是故乡……"

对自然的热爱不仅影响了梵高的审美趣味，也影响了他的性格。梵高自称是"农民画家"，他把自然和他感受的社会联系在一起。在梵高成年后的书信里，也有一段这样的描写：

"在大自然中，我处处发现感情和灵魂。有时候，一排被截去树梢的柳树和一排救济院前的穷人相似；麦田有一种无法形容的纯洁和幼弱的东西，使人们如同看到熟睡的婴儿的表情，产生一种爱抚的情感；路边被踩踏过的野草像贫民窟的穷人一样显得疲劳和满是灰尘。"

他看不惯城市里的衣冠楚楚、满嘴仁义的上层人，在城市里生活久了他就像浑身长了虱子一样难受，他从城市的画廊里辞职，把自己流放到阿尔、奥维尔等乡镇，只为寻求心灵的宁静。他有着农民一般的打扮：粗布衬衫、宽大的裤子、脏兮兮的面容。他只愿意和底层的矿工、农民待在一起，也愿意成天待在田野和麦地里。他热心和底层民众结识并帮助他们，在伦敦的时候把自己的零用钱分给贫民窟的人，主动去比利时最穷苦的博纳日尔矿区传教，并把自己的衣物、被褥和房间分给矿工，为底层人画像。他衣着非常朴素，却比很多自诩为上层人士的人高贵纯洁很多。

「三」
惊人的秘密

在梵高两岁的时候他的妹妹安娜诞生,从此,文森特便不能独自享受父母的双重喜爱。两岁的孩子瞬间感觉到了一种父母被抢走的危机感,并把这种感情投射在自己的妹妹身上,对她怎么也产生不了亲近的感情。在她号啕大哭的时候,梵高宁愿去地里玩泥巴或者在爸爸书房里翻来翻去,也不愿意到妈妈怀里,亲近一下这个新出生的小妹妹。这也让妈妈对他产生了一点意见。

"梵高,不要再玩了,回来照看你的小妹妹。"

"不,她不是我妹妹,她是个强盗,是个怪物,你要是那么喜欢她,就自己去照顾好了。"4岁的梵高已经能够讲话,他现在能够准确无误地表达他对妹妹的反感和对父母偏心的不满,也让母亲感受到了他的任性。这种讨厌一直延续到了梵高成年,长大后的梵高对这位妹妹都十分冷漠,没有什么手足的关爱之情。

在梵高5岁,那年又一名男孩提奥·梵高来到了人世,这也让父母十分地欢喜。然而令父母吃惊的是,对于这个小弟弟,梵高却表达出了异常的喜爱。他常常趁弟弟睡着之时,偷偷地捏着他那粉雕玉砌的小脸蛋,然后心满意足地送上一个吻;他也会在安娜忙得不可开交的时候,自愿承担起哄小弟弟入睡的任务;他甚至会拿着

第一章　家族希望：梵高诞生，寂静的童年生活

一本书装模作样地念给弟弟听，并坚信弟弟能够听懂自己的心意。梵高对弟弟、妹妹截然不同的态度，让人很是费解。一方面原因可能是5岁的梵高已经懂事，意识到了自己身为兄长的责任；另一方面，他可能对异性怀有一定的恐惧感。

不管怎么样，从提奥出生开始，梵高和他的关系就最为密切，这种亲密一直延续到两人生命的尽头。在梵高6岁、9岁、16岁时，他的另外两个妹妹伊丽莎白、威廉明娜和最小的弟弟肯尼斯也来到了这个家庭。但此时的梵高已经把重心转移到自己的学业或者工作，与他们的关系更加疏远。

可能是年龄差距的问题，生性内向的梵高宁愿独处也不愿和自己的妹妹、弟弟们打交道。一旦他们靠近他，他就会皱起眉头，甚至想要发火。弟弟、妹妹们自然也不敢与这个不是整天待在书房就是自己漫步的沉默寡言的哥哥撒娇。"不要去找哥哥，他是个怪人"，这是两个妹妹之间共同的看法。

然而，因为有着共同的兴趣爱好，梵高和那个比他小4岁的提奥走得很近。两个人都喜欢欣赏母亲书架上的画作，也会幼稚地讨论哪幅画画得更好。当梵高在画画时，弟弟就在旁边欣赏，偶尔向哥哥提出意见。饭后，两个人也经常手拉着手，到野外去散步，讨论学校和家庭里发生的趣事。兄弟两人就这样结下了深厚的情谊，而这段情谊也延续了梵高的一生，成为梵高人生中最主要的精神支持。

随着梵高慢慢开始懂事，他逐渐意识到自己不是父母最喜欢的那一个。每年到自己过生日的时候，平时吃不到的东西就会被端上桌子，弟弟提奥和妹妹安娜会很热情地和自己坐在一起，七手八脚地拆开小伙伴们亲手做的礼物。但是，父母脸上却从来没有露出过

真心的笑容,他们只是在敷衍地完成一个叫"生日庆祝"的任务。

母亲的表现更加明显,每次生日大餐还没有吃完,母亲就表情阴郁地放下碗筷,退回自己的房间。起初,小梵高还以为自己做错了什么事情,他小心翼翼地跑到母亲跟前,问道:"妈妈,是不是我今天又不乖,惹你生气了?"这时候母亲总是意味深长地看他一眼,说:"你没有做错什么事,是上天错了。"然后轻轻地把梵高推出房门,自己待在房间里,门外的梵高能听见从里面隐约传来的哭泣声。梵高把母亲异常的举动归因为母亲喜静,她并不喜欢这样特别喧闹的场合。但是当他看到母亲在弟弟、妹妹们的生日晚会上的表现时,他推翻了这个想法,而是更加确定母亲不喜欢的只是自己。

等他再稍微长大了一些,他又发现在每年他的生日时,还有一个固定的节目,那就是母亲会改变自己散步的路线,到屋后一处偏僻的田园里。梵高偷偷地伸出头,看到那儿有一个小小的灰色的土堆,上面写着一些看不清楚的文字。母亲会对着那个土堆发会儿呆,有时候会对它念念叨叨地说一些话,还有的时候竟然会放声大哭。躲在后面的梵高充满了好奇,也有些隐隐的不安,他本能地感觉到这是一个关系到他的家庭并且给母亲大人无限忧愁的地方。

当他七八岁时,他已经认识了很多字。一次,他趁母亲不注意,小心翼翼地来到他之前记住的地方。令他惊异的是,那块小小的土堆竟然是一个坟墓,而且上面刻着自己的名字"文森特·梵高之墓"。他开始以为这是个玩笑,可是联系到这么多年父母在他生日时的表现、对于他不冷不热的态度,他甚至有些害怕,自己到底是谁,难道真正的梵高已经死去,自己只是他们收养的一个男孩吗?

有一次,他鼓起勇气,向父亲提出了这个问题。正在整理书柜的父亲动作停了下来,惊讶地望着梵高:"你怎么会发现的?"他望

第一章　家族希望：梵高诞生，寂静的童年生活

着坟墓的那个方向，幽幽地说："梵高，其实你本不会来到这个家庭的。在你出生的前一年的3月30日，我们生下了一个男孩，给他取名叫文森特·梵高。但是生下不久，他就因为先天营养不良夭折。怀他那一年，我们非常想要个孩子，所以从你妈妈怀上他开始，我们就开始想象着那个孩子的模样、和那个孩子相处的点点滴滴、我们三人的幸福生活。每时每刻我们都期待着他来到我们身边。10个月后，他终于来到了世界，让我们欢喜万分。可是，没有多久他就去了，你妈妈也大病了一场。眼睁睁地看着自己的骨肉从自己的身边离去却无能为力的那种感觉确实让人沮丧和崩溃。我和你妈妈本来不打算再要孩子，可是造化弄人，3个月后，我们发现又怀上一个孩子，虽然觉得是上帝送来的礼物，但是你妈妈心里还是有点排斥。更没想到的是，你竟然和你的哥哥在同一天降生。你要原谅你的妈妈在你生日上的态度，因为这每一个生日，都让她想起死去的那个文森特。"

梵高听完这些，心里说不出地苦涩。原来自己并不是在父母的期望和祝福中来到世界的小孩，父母给自己的宠爱原来是属于另一个文森特·梵高。而且，自己的生命偏偏会给自己的母亲带来死亡和丧失的这种暗示。从那以后他更加认定父母对弟弟、妹妹们的宠爱是理所当然的，自己理应得到父母的嫌弃。他的话越来越少，越来越把目光和话语转移到那些图画和书上面了。

一般在多个孩子的家里，外向和长得漂亮的孩子更容易受到父母的重视和夸耀，梵高家里也不例外。梵高在家里绝对不是最受人瞩目的那一个。梵高幼年个子矮小，一头红发在同龄人中也显得很显眼，五官也不像平常的外国人那样立体，在个子高挑、面容秀气的弟弟提奥面前显得不值一提。

梵高的性格也十分古怪，一点都不讨人喜欢。因为父亲从事的职业要求，他经常外出演讲，与不同的人打交道，所以父亲永远是一副西装领结裤子丝毫不乱的装扮，平时不苟言笑，有点不怒自威的权威。小梵高很怕父亲，于是他很乖巧地按照父母的要求，和弟弟穿上像父亲一样小绅士的装扮，学习那些语文数学和文法，在他们面前背诵《圣经》，在班级里积极参加各种活动。可是只有小梵高自己知道自己是多么讨厌那一切，自己更喜欢穿着随意的背带裤，坐在房间里静静地翻着自己的书，任思绪在大脑中流淌，或者飞奔到午后的花园和农田里，静静地看着云彩在地上投下深浅不同的影子。小时候的梵高虽然内向，但并不是没有脾气。当他和兄弟姐妹一起看书，对某个人物和场景有不同见解的时候，他总是会连珠炮似的发表自己的观点，直到脸憋得像猪肝一样。其他孩子总是会惊讶哥哥为什么对一个普通的小问题那么在意，非要辩论出个黑白。后来，他们也习惯了放任梵高自己说话，不再与他争执。

梵高知道自己不是最讨父母喜欢的人后，他利用家里的条件越来越沉迷于他的爱好中。他喜欢读各种各样的书，在父亲的书房里，他从《圣经》开始，一本不落地读了他能接触的所有的书。此外，他还继承了妈妈的绘画天赋，内向的性格给了他足够的观察和思考的时间，而一旦有什么东西让他感动，他就有本事能把它转化为图像。在7岁那年，无师自通的梵高画了人生第一幅画像，是对于家里小狗的素描。画面上小狗的线条栩栩如生，表情非常可爱。当他满怀欣喜地把画交到母亲手上的时候，母亲并没有对他的绘画才能表现太多的惊喜，但平时淡漠的脸上总算露出一丝微妙的赞许和喜悦，这让小梵高的心里感到一种肯定和满足。

「四」
求学生活初尝孤独

在梵高9岁的时候,重视教育的父母把他送进了当地的一所小学。由于办学条件有限,入学门槛低,这所校舍中很多都是邻近农民的孩子,授课的老师也大都没有经过系统的教育培训。这儿并没有提供完备的学习科目,上课氛围比较随意,没有明显的教学大纲,只需完成相应知识点的教授即可。孩子也比较疯,常常把老师气得说不出话来。

但是,对梵高来说,这儿简直就是天堂。这儿没有让他讨厌的弟弟、妹妹们,没有板着脸一本正经的父亲,也没有一定要穿西装、打领带跟着父母去唱诗班唱诗的拘谨。在这儿的课堂上,他可以在感兴趣的时候举手提问或回答问题,在不感兴趣的时候可以直接掏出一本小说,放在教科书下面就津津有味地读起来,也不会被老师斥责。

下课之后就是这一群小孩子为所欲为的时间。这些孩子从来没听过宗教革命、品位和气质这些语句,课余生活也与画画和读书没什么关系。小镇上的消遣生活比较单一,所以下课后他们的集体活动也局限于在学校周围的草地上捉蚂蚱,在农田里帮助某个同学收割,去河里摸鱼,或者去树林深处用自制的弹弓打下叽叽喳喳的鸟儿。

　　这里的农民孩子并不在意谁穿衣服最好、谁家的权势高或者谁长得好看，他们评价一个孩子的标准就是和他在一起开不开心，其他的那些东西他们一点都不在意。跟着这些自然学家一起东奔西走，梵高的心都在吹着口哨，这大大满足了9岁孩子的童真。

　　可是，对于这样的教育环境，梵高的家庭十分担心。当梵高又一次拖着沾满泥巴的裤腿很晚才到家时，提奥多勒斯对着招呼梵高吃饭的妈妈皱起了眉头："我觉得不能这么下去了，我们的孩子老是这么瞎混怎么行？"

　　"那又怎么样？你看文森特很开心。孩子嘛，只要开心不就行了？"

　　"开心？你也说了他就是孩子，他懂什么？虽然现在每天优哉游哉的，可是天天和那一群什么都不懂的低俗无知的农村孩子混在一起，早晚也会变得和他们一样。你看他现在的样子，都已经在出去的时候不注意自己的着装，喜欢大喊大叫。我传教的时候看过很多的贫苦人，他们受苦的根源就是没有自我教育、没有教养。我们怎么能让我们的儿子有这样的风险？"

　　于是，第二天梵高的父母就去学校帮他办了退学手续。梵高很不舍得。但是，回到了自己熟悉的书房和画室，他也享受着父母给予的自由，也并没表现出多大的排斥。

　　在一番紧锣密鼓地挑选高质量的学校之后，11岁的梵高被送往10英里之外的小镇泽文伯根普罗维利先生开办的一所寄宿学校。开学那天，爸爸妈妈雇了一辆马车，把梵高日常使用的被褥、书籍和文具一起送过去。一开始梵高还没有什么反应，他以为这和上次的学校一样，在学校待几个小时就可以回家了。可是当到达那个黑黢黢的校门之后，父母的举动让他感到十分奇怪。父母并没有进去，

第一章　家族希望：梵高诞生，寂静的童年生活

而是打开随身带来的东西，直接交给了在门口接待的工作人员。然后，妈妈拥抱了一下梵高，语调中满是不舍，"孩子，好好照顾自己，一个月后，我们再来接你。"这时梵高才明白寄宿学校的含义，也就是说自己要在这个陌生且黑咕隆咚的地方待上整整 30 天。

"爸爸，我想回去。"梵高撇了撇嘴，拽着母亲的衣角说。虽然没有流下男子汉的泪水，他还是用稚气的声音表达着自己心中的不满。"坚持一下啦，好孩子，这集体生活对你有好处，爸爸、妈妈回家了。"父母不由分说地坐着马车掉头回去了。看着那个越来越远的马车慢慢变成一个黑点，从家到学校的这条路也变得那么漫长，这时候梵高强忍的泪水终于掉了下来。在这一刻，梵高才知道他一直讨厌的家庭生活和畏惧的父母是多么可爱，如果再回到他们旁边，一定会好好珍惜。

寄宿生活就这样开始了。这儿的老师和教学安排也正规很多，除了一周一次的体育课是放飞时间，其他时候都要老老实实地待在教室里学习。这儿的孩子也比那些农民孩子体面很多，他们精心打扮，老老实实地把手背到身后，希望赢得老师的一句好的评语。在这儿，最受喜欢的孩子当数成绩名列前茅的那一小拨，而梵高并不在其中，大家对这个后来转进来的沉默、成绩又很一般的红头发小个子并没有很深的印象。好在，这个学校开设英语、法语、德语三门外语和素描等绘画基础课程，课程设计比较合梵高的胃口，形单影只又不能出校门的梵高把所有的精力都投入文化课的学习上。而这在潜移默化中造就了后来写了四大卷文笔优美的书信，在法国、比利时等地方毫无障碍地生活的梵高。两年后，他以优异的成绩毕业，并进入威廉二世国王公立学校读书。自此，梵高适应了独自在外面闯荡的生活，很少待在家里。

第二章 小荷初露

绘画天才，走上画商道路

对于幼年的梵高而言，没有同学和家人理会的时间正适合读书、绘画。他的阅读量大幅增加，也养成了用画画记录每日所思所想的习惯。幸运的是，在学校，他的这种艺术气质得到了老师的认可；在家族里，同名的文森特叔叔也十分欣赏梵高，为16岁的梵高提供了画廊销售的职位。自此，梵高与绘画又接近了一步。

第二章 小荷初露：绘画天才，走上画商道路

「一」
崭露绘画天分

无论是在寄宿学校还是在国王公立学校里，梵高最感兴趣的一门课当数艺术。艺术史、素描和绘画之类的东西对于很多学生来说抽象枯燥，提不起兴趣，但却让梵高感觉亲切无比，有唤起那些待在家里无拘无束地看书、看画的美好记忆的魔力。在艺术课上，他格外认真，也会把绘好的东西拿给老师过目，诚恳地请求老师指教。

在国王公立学校里，艺术老师C.C.胡斯曼是梵高最为欣赏的人物。他不顾其他老师的反对，申请经费开了一间独立画室，邀请男女学生和老师在里面充当模特，还会定期带着学生到户外写生。在完成其他作业后，梵高就会待在这个小画室中，而胡斯曼老师看到这么好学的学生自然也主动为他开点小灶。

一次，胡斯曼老师在批改上一节课的美术作业——对着一匹真马做的现场写生。他批改到梵高的那份，惊奇地瞅了瞅在旁边认真临摹的小梵高。"你这匹小马画得不错嘛。虽然从写实角度上你不是最棒的，可是稍稍抬起的马蹄和马尾巴以及眼中专注向前的神情都让看画的人觉得这是一匹好马。你以前学过绘画吗？"

"没，从来没学过。我父母的教育风格比较自由，会让我自己去追求自己喜欢的事情。我只是因为妈妈和伯父喜爱绘画，小时候翻

看了很多有名的画作,所以可能对画图比较敏感。"梵高谦虚地回答着老师的询问。

"你这儿还有以前的绘画吗?我突然对你的画很感兴趣。"

"有的,我有一个速写本,平时看到什么有意思的就会在速写本上画下来。这是我前年的一幅画,画的是我们村前的一座小桥。"

教艺术的人本就喜欢欣赏别人的作品。他只稍稍一瞥,就感受到一股沧桑寂寥的气息透过纸背,扑面传来。小桥是一座很矮的石质桥梁,孔隙很大的木桩和石头表明它上了一定年岁,而桥下积水很少,都能看见半裸的河床,应该能推断出这幅画创作于秋季或冬季。按老师的推断,这样借静物表达季节和情绪的手法十分娴熟,不是很有经验的画家做不到这一步。

"你,你什么时候开始画画的?画很久了吗?"胡斯曼的脸上震惊大过了见到好作品的激动,因为他知道,这幅作品出自9岁的梵高之手,如果不是经过大量自觉的训练,那一定是个绘画天才。

"没有啊,也不经常画。就是偶尔看到什么有意思的小东西就会在自己的速写本上画两笔。老师,你看,我这儿还有很多其他的,都是我随手画的。"

胡斯曼翻着他的速写本,里面有林中的小鸟、飘飞的树叶、待在门前的小猫之类日常生活中的景色和事物。虽然笔触还比较稚嫩,但可以感受到画者老到的功力。放下速写本,胡斯曼久久地沉默着。许久,他摸着梵高的头郑重地说:"以后不管你从事什么职业,一定不要放弃绘画,因为在这方面,上帝对你太偏爱了。"梵高不理解为什么老师看完了他的速写本如此激动,他只是被老师的认真所感染,小鸡啄米般点了点头:"好,我记住了,老师。"

第二章 小荷初露：绘画天才，走上画商道路

「二」
当上了画商

国王公立学校的生活是令人满意的，然而，这种求学生活并没有按照预期的发展，一直持续下去。在第二学期的中途，梵高突然退学，回到了家里。至于其退学的原因，一直以来都是个谜团，研究者们无法确定其中的关键。

退学回家的梵高又过上了散漫的生活，他性格内向，一般没事就待在自己的卧室里，翻翻感兴趣的书或者把自己喜欢的东西画成素描。相比学校，这种生活清闲而舒适。他在自我的小世界里活得不亦乐乎，有时候父母要反复地催促，他才出来吃饭。有客人登门上访，他也只是勉强地打个招呼就匆匆回房。这样的状态让梵高的父母着急不已，因为儿子马上就要满16岁，老待在家里也不是个办法，毕竟要为他未来的职业发展做准备。

于是在一次晚饭过后，爸爸叫住了想要溜回房间的梵高，准备和他好好地谈一谈。

"儿子，你从学校回来也有一阵了。有没有想好以后想要干什么呢？"

"具体的职业没有想过，我对这些工种的分类也不是很了解，而且我也不知道自己具体能干点什么。"

听到这儿，平常喜欢说教的牧师开始发挥自己的一技之长："那你有没有想过当一个牧师呢？像我这样有一个正式的职位，平时就去传教。牧师虽然赚钱不多，但社会地位还好。"

"牧师？还是算了吧，虽然我对宗教还不排斥，但是，爸爸你也知道我平常性格也偏内向，要我像你一样，那么激情洋溢地东奔西跑去说服别人，对我来说有点太难了吧！"梵高连连摇头。

"你不试试怎么知道呢？"

看到父亲一副要开始长篇大论的姿态，梵高赶紧反驳起来："从小到大我很少在公共场合向集体发言，更别说担负起指引他们正确道路的责任了。何况我连自己的道路都不清楚，我有什么资格去引导他们呢？我就别误导这些子民了。"梵高平时比较内向，但较起真来还是能说出几条的。

听了梵高的辩解，父亲可能觉得他说得确实有几分道理，于是只好放弃这个念头："那好吧，可能你确实不太适合牧师，那你现在要认真考虑下自己以后准备从事什么职业，现在好做准备。"

父亲退下阵来，但是他想到了一个很好的法宝，那就是请来和梵高同名的文森特·梵高叔叔，那是他们兄弟几人中发展得比较好的一位。在梵高还小的时候，他就和一位商人合伙，开了一家叫古比尔的画廊，专门出售一些名画和流行画的仿制品。经过多年的发展，古比尔已经走出了海牙，在布鲁塞尔、巴黎等其他地方有了自己的分店，发展态势一片大好，已经快成为欧洲数一数二的艺术画廊。

父亲写信专门请他过来，只希望这位事业有成的叔叔能给梵高的职业规划提供一些建议。叔叔立即回复了信件，还半热情半抱怨地说："这样的问题应该早点找我，我早已对梵高的工作有了自己的

第二章 小荷初露：绘画天才，走上画商道路

想法和安排。"第二天，叔叔就买了一张车票，从自己居住的农村赶到了他们所在的曾德特。

文森特叔叔的热情并没有敷衍的成分，因为他很乐意接受梵高父亲的这次任务，这也能实现他自己的私心。原来在众多亲戚小辈中，他最喜欢的孩子就是梵高，而且对他的前途尤为担心。这位叔叔和婶婶由于身体的原因，并没有产下子嗣。但是他们特别喜欢孩子，看到活泼可爱的宝宝都兴奋不已。随着他们家业的扩大，他们也希望有一个年轻上进的年轻人接过他们的衣钵。这么多年来，文森特叔叔也有自己的想法。他对这位年龄最大的梵高情有独钟。一方面是因为他性格沉稳，不像其他小孩子吵吵闹闹；另一方面他对梵高手不释卷非常满意，并且十分欣赏他在绘画上的兴趣和天分。他觉得只要稍加培养，梵高就能够担得起这份大任。

当他年轻的时候，每当画廊生意不那么繁忙，他和他的妻子就会去各个兄弟家探亲。每次见到梵高的记忆总是特别深刻。他都是在自己的书房里，安静地看书，目光专注神态安详，一看就是徜徉在书籍的世界，而不是靠它来装装样子糊弄父母。在大人聊天的时候梵高很少插嘴，但提到某些画家的作品最近卖得比较好的时候，他会十分兴奋地询问这些画家的生平和画风。对自己的事业充满热情的叔叔会从自己随身的公文包里掏出一些名画的缩小版，与梵高讲解起来。梵高虽听得懵懵懂懂，却也津津有味。而周围的人对卖画这项事业并没有很大的兴趣，看他们乐此不疲地交流，自然愿意把空间让给两人。就这样，文森特叔叔的心里为这个与自己同名的侄子留下了特殊的位置，对他还是抱有很高的期望，他在心底里一直想着等梵高上完学之后，就让他来自己的画廊当实习生，有朝一日做出新的成绩，也可以传授给他。可以说梵高叔叔在梵高身上看

到了过去的自己,也看到了自己假想儿子的影子。

见到梵高之后,文森特叔叔还是掩饰不住地兴奋:"文森特,你为什么这么早就从学校里退学了呢?"

"不知道,可能是因为我有自己的想法,而他们的老师似乎并不愿接受。"对从小和自己有共同语言的叔叔,梵高相处起来很自然,说起话来也十分坦诚。

"这个没有关系,那接下来你有什么样的打算呢?"

"父亲建议我去当牧师,但是我觉得我个人并不适合。"

"对啊,我看着你也不像出去东奔西跑宣扬教义的人。你还是适合乖乖待在一个地方,看看书,作作画,多培养自己的内在素养。要不我给你推荐一个职业,你看怎么样?"叔叔按照对话的节奏,一步步把话题引到自己想说的事情上。

"叔叔您说,我听听看。"

"是这样的,我现在的古比尔画廊准备在其他地方多开几家分店,也是属于扩张新聘人手的时候。我觉得你可以先来我们的画廊做文员,如果你觉得还适合这种工作氛围的话,就转成艺术经纪人。所谓艺术经纪人就是当有人来买画的时候,你按他们的要求推荐适合他们的画。说得通俗一点,就是凭借你对画的了解把它们介绍给一些想买的人。这个工作既不需要多奔波,还能利用你的绘画知识,我觉得还蛮适合你。"叔叔所言既涉及自己画廊的客观发展要求,也谈到与梵高兴趣爱好的契合度。

"我觉得也还不错,我不排斥,觉得可以先试一试。"文森特叔叔果然了解梵高,他的一番话果然引起了梵高的认同和兴趣。

听到梵高松口,文森特叔叔此行的任务也完成了,他松了一口气,紧紧握住他的手:"其实我今天就是为了这个目的来的,刚才的

第二章 小荷初露：绘画天才，走上画商道路

那个就算一个非正式的面试。现在，我作为古比尔的老板，代古比尔画廊欢迎你的加入。"

当梵高把加入古比尔画廊、从实习生开始做的决定告诉全家人的时候，大家也十分开心，因为觉得在家赋闲一年的梵高也算找到了一条正确的人生道路。当晚的家庭聚会上，梵高没有再躲在房里，父母的脸上也不再有愁容。大家开心地举杯，共同庆祝梵高的职业生涯前途似锦。

梵高没过几天就收拾了自己的行李，跟着文森特叔叔去了位于海牙的古比尔画廊。欣赏归欣赏，但是文森特叔叔并没有打算利用关系和特权帮梵高在职场上走得更远一点。他决定只为梵高提供一个平台，其他一切看他自己的努力，这样也是考验梵高、证明自己眼光的最好方式。

进入海牙画廊，梵高果然从办公室一个文员开始做起。古比尔画廊要和欧洲的很多艺术家和画作打交道，恰巧因为梵高从幼儿起就对语言很有天分，知晓法语、荷兰语、意大利语等各种语言，所以他理所应当地承担了办公室中一些关于各国之间文书的翻译和传达工作。

这工作对于爱阅读、习惯了处理大量信息的梵高来说是小菜一碟，他也习惯了每次整理好之后就向上司汇报，以免误事。而且梵高的为人十分低调，他并没有告诉别人自己就是画廊老板的侄子，谦和的他在和同事开会或告别时总要加上那些礼貌用语，"您好""谢谢"或者"再见"。这些小细节别人都看在眼里，周围人对他的好感就像沙漏一样一点一点地积攒起来。

工作之余有大把的闲暇时间，尤其是在画廊早上刚刚营业没什么顾客时。梵高还挺喜欢在他的这个工作环境里到处转转，因为这

儿积攒了很多先锋画作的复制品。看着那些五彩斑斓、构图精妙的画作，梵高每天的心情都像被染成了彩色。当其他同事在裱画、卖画上有不懂的地方时，他也乐于和他们一起去查找。他像一块每天都吸水的海绵，内心深处感到非常充实。

而他的知识储备在关键的时候，还是得以爆发，在职业道路上把他往前推了一把。一次，他早早整理完了票据，在画廊的二楼找了一个地方，主动整理新进的一批油画。他不介意自愿做这些事情，因为这些苦力活并不多么耗费体力，但是他可以借此机会接触到他在家里不可能接触到的新鲜的艺术作品。所以，他每次对这项工作都热情满满。不用别人提醒，就主动把这些做完了。

等他在收拾画作的时候，他的顶头上司沃克火急火燎地跑上楼来，一边自言自语地喊着"伦勃朗，伦勃朗"，一边像无头苍蝇样在楼上打起转来。

"沃克先生，我能帮你什么吗？"梵高从角落里钻出来，反而把沃克吓了一跳。他定了定神："你在这儿忙啊？是的，我要找到伦勃朗手下不是关于宗教和类似风格的画。因为你知道我一直卖得比较多的都是那种宗教题材的画和风景画，对现实主义这块儿不太了解，下面那个顾客快把我逼疯了。"

"不用担心，伦勃朗的画作我记得在这边存着。此外，我个人的建议是如果他想要找一些贴近现实、反映底层人民生活的画，您可以选用米勒的《播种者》和《拾穗者》，这个系列画风十分稳健，构图也很清晰，相信不会让他失望的。"说着他把那几幅画递了过来。沃克眼睛瞪得很大，他完全没有想到这样专业的绘画建议是从梵高这样的一个普通小文员的嘴里说出来的，但时间所限他也没来得及说那么多，于是抱着梵高给他挑的画就咚咚跑下楼。

第二章 小荷初露：绘画天才，走上画商道路

过了一会儿他又兴奋地上来，拍了拍梵高的肩膀："小伙子，干得不错。客人非常满意，还给了一笔不小的小费。这次多亏了你的帮忙，非常感谢。只是我很好奇，你的主要工作又不是这块，你是怎么知道这些内容的？"

"我个人喜欢画画，所以，我看了很多关于这类的书籍和艺术资料。"

"哦，这样的话，你倒是很适合艺术销售这一块嘛！听说你还会好几门外语，老在办公室里翻译文书岂不是太埋没你的才能了？你等着，我会尽快和老板说，要把你转到艺术顾问的职位，这样你就可以加薪，而且施展你的艺术才能了。对了，你叫什么名字？我好和我们老板报告。"

"我叫文森特·梵高。"听到沃克要推荐自己的建议，梵高还是十分开心。

"如果没有听错的话，你和我的那老板是同名，这也太巧了。"

"对呀，是同名，因为他是我的叔叔。"

这下沃克的眼睛和嘴巴张得更大了。这个年轻人在一下午之内给了自己太多的惊奇和震撼。他怎么也想不到这个冷静、沉着而且有自己的艺术观念的人竟然是自己顶头上司的侄子。

于是过了一两天他就向梵高叔叔写信了，信里的口吻十分官方职业："尊敬的梵高先生，新进的文员文森特·梵高，为人礼貌谦和，做事认真踏实，在工作岗位上表现得十分突出。而且鉴于他有丰富的绘画知识，建议把他转到绘画经纪人这个职位，也能更好地发挥他的才能。"梵高的叔叔看了这封信也十分得意，自己看中的人终究给自己赚足了面子，这封信也给了他名正言顺地帮梵高调岗的机会。

换了新工作之后，梵高并不需要像以前那样天天待在办公室里，也可以凭借工作看很多绘画的书籍和画作。他十分满意，以更认真

的态度回报这一切。就这样，他职业生涯的前两年，在海牙安然度过了，而在第三年，由于伦敦分店新开缺乏人手，梵高受命调到伦敦开展新的业务，于是他由海牙启程去往伦敦，在那儿开始了新的生活。

在海牙时，等叔叔来这儿视察的时候，他会带着梵高去这边最好的饭店吃饭，帮梵高改善伙食。因为不管梵高在职场上表现得多么成熟，他毕竟是一个不到20岁的年轻人，在叔叔心中他永远是个孩子。离家在外，一切依靠自己，有什么小情绪也得自己一个人承担。每逢节日梵高无法回去的时候，他就格外地想念那个以前他自认为在心中没什么存在感的家庭、把自己照顾得无微不至的家人。这时，比梵高小4岁的提奥也开始上学，梵高在工作之余，开始给这个小弟弟一封封地写信。他以过来人的角度教导弟弟要尊敬父母、好好学习，也对自己的新工作表达了满意，甚至邀请提奥也加入古比尔画廊，和自己一起工作。对于这时的他来说，一封封信不仅仅是对提奥的叮嘱，更是他对亲情和思念的寄托。他铺开信纸，把自己平时没有说出来但在自己脑海里跳跃的词搬到纸上。每写一段，内心积压的东西就轻一点。他越写越兴奋，仿佛提奥就站在自己面前，笑眯眯地听自己分享着生活点滴。就这样，孤独的他和提奥开始了长达10年的信件交流。

第二章 小荷初露：绘画天才，走上画商道路

「三」
来到伦敦

对于梵高来说，伦敦不仅是拥有阴霾天气和众多的艺术场所、大本钟、威斯敏斯特大桥的文艺圣殿，也是狄更斯笔下充满了不平和疾苦的社会。由于出色的语言天赋和良好的阅读习惯，梵高来到英国后英语水平得到很大提升，他开始并且喜欢上阅读英国作家狄更斯的作品。

这位作家的文笔自然亲和，但又富有同情心和悲天悯人的气息，和他喜爱的米勒画家有异曲同工之妙，这让他敬佩不已。在他刚到伦敦之前，狄更斯已然逝世，他主动拍下了狄更斯留下的手稿，收藏在家里。而且他也像狄更斯笔下的人物一样流连于大街小巷，近距离接触这些底层人民。

夜晚对于梵高来说就是变身的时刻。白天他打着领结穿着衬衫，和很多衣冠华贵的上流社会人士大讲艺术革命、色彩、视角、解剖等高端大气的术语，而到了夜晚他则变身成一个衣装随意甚至有点邋遢的人。在偏僻的夜色里穿梭而没有人注意到自己，他犹如摘下了外部的面具般更加地舒坦。因为狄更斯等人的创作，梵高了解了伦敦的另一面，那就是贫民窟，而参观贫民窟也成了他的一个爱好。

在大桥下面，在城郊之间的建筑物后面，在批发市场和垃圾堆

附近，都像蚂蚁一样集聚着大量没有工作、拖家带口的贫苦人民。走得多了，梵高的脑中也出现了伦敦地区贫民窟分布的地图，他会按时间随机去一个他没有去过的地方，去看一看在这个社会的另外一端，人们是如何生活的。

一个普通的下午，下了班之后，他又像往常一样，大步走到了东区一个贫民窟。从外观上来讲，建筑破破烂烂，可以隐约看见里面排列得像蚂蚁窝一样的小房子。在贫民窟的门口站了几个十二三岁的小女孩，由于长期的营养不良，她们面黄肌瘦，根本看不出任何女孩儿发育的痕迹。她们穿着可能是母亲剩下来的很大的衣裙，胡乱抹上劣质的脂粉，使自己看起来白一点。虽然眼神里含着畏惧，但她们还是怯生生地拉住梵高的衣角，故作风情地发问："先生，要不要陪一夜？"

一开始梵高把她们当作了小乞丐，可是看着女孩满含渴望的眼神，他就心痛地发现并不是如此。

"孩子，你今年多大？"

"11岁吧。"

"那你怎么不上学啊？"

"因为爸爸、妈妈身体不好，没有工作，所以也没有钱给我交学费。"

"那怎么想起来做这个了？"梵高看着她们已经磨炼出来的大方和镇定，心底有止不住的心酸。

"一开始是想去工厂里面做女工，可是我去了几次，那儿的大人都欺负我。因为我做工做得快，抢了他们的工作。而且工作太劳累，我已经在里面晕倒过好几次了。父母一商量还是觉得，这样做生意容易而且来钱快。"10岁的小女孩谈起赚钱之道竟然头头是道，这让一年90英镑薪水、从未担心过自己生活的梵高有一丝羞愧。这些女

第二章 小荷初露：绘画天才，走上画商道路

孩因为家里没有经济能力，下面又有弟弟、妹妹，她们就选择了这么一条没有成本来赚钱的路子，而这附近没有老婆又需发泄的工人们则是这些女孩的顾客。

看着比自己的妹妹都小的女孩们，梵高的心里涌现出一阵怜惜。他没有质问她父母在哪里，因为他太了解这一块人民生活的辛酸，他只是默默从自己的口袋里掏出晚上准备晚餐的钱，悉数交给小女孩后，然后像逃跑一般地跑掉，害怕再看见她们那种故作风情的目光。

梵高往前面走了一段，就碰到了一个身材佝偻的中年人，向梵高深深地鞠了一躬，真诚地说了声："谢谢你，先生。"这一突然的道谢让梵高吃了一惊，但定睛一看，这个人的面容和小女孩有几分相似，他就明白了这个男人是小女孩的爸爸。

"你怎么忍心让她这么小就来干这个，不怕她身体受不了吗？"梵高终究没有忍住，还是用质问的口吻开始了这两个男人之间的对话。

"穷人家的孩子什么苦没有吃过，这个挣钱比较多一点，也只好委屈她。因为我和她妈妈被工厂的机器伤到了手脚，不能干繁重的体力活。赔偿金也只有一点儿，很快就花完了。家里还有一个小弟弟，所以只能靠她来赚钱。"父亲顿了顿，眼神也开始黯淡下来，"我能做的只是站在一旁看着她，免得有什么坏人来骚扰，毕竟她才只有12岁。"

听到这儿，梵高沉默了一会儿："那弟弟长大，又要他做什么呢？"

"不知道，应该也是做苦力之类的工作吧。上不起学，还能做什么呢？"

越聊下去，梵高越有一种无望的坠落之感。他发现这里的生活简直是一个没有希望的恶性循环，父母没有知识和金钱，他们的孩

子就要做一些底层的工作来支撑这样的家庭，女孩儿做妓女，男孩儿做童工、乞丐甚至被骗到团伙里做小偷，都已经是这里见怪不怪的事情。为了生存，他们的世界里早已没有了尊严、体面和道德。梵高这才深切地知道，狄更斯的《雾都孤儿》根本没有多少虚构的成分，它蓄满了现实的苦酒。

梵高的生活不能说多么幸福，但起码是衣食无忧，所以善良的梵高也希望能够帮助他们，减轻一点他们的负担。他不会洗衣、做饭，只好每次来这边看望他们的时候都带一些闲置的衣服给那位父亲，也留一点零花钱给小女孩，让她少做几次"生意"。

就这样，在忙碌的画廊生活和业务的自愿生活中，一年的时间呼啦啦地过去了。

第三章 不弃热情

恋爱失败，乐做宗教布道者

在青年梵高看来，渴望的爱情就代表了他理想的全部生活。所以，看到喜欢的女孩后，他竭力争取，不顾男性的自尊和客观条件的限制。一旦求爱落空后，他心里构建的未来生活也轰然倒塌，生活激情也瞬间枯竭。心灵深处父亲传教的图像浮现出来，梵高开始疏远他这份世俗工作，潜心宗教，从中寻找扶起自己的力量。他思索自己的人生意义，决心重新定位，要把宗教的力量传播给更多在苦难中挣扎的人。他的宗教之旅就此启程。

第三章 不弃热情：恋爱失败，乐做宗教布道者

「一」
治疗失恋

后来，在写给提奥的信里，梵高自称在伦敦这一年是他最开心的时光，其实主要原因是他在这儿情窦初开，尝到了最渴望的爱情滋味。

对涉世未深的年轻人来说，他们刚刚脱离父母的庇护，情感一下子空出很多，需要被填充，波澜壮阔的事业拼搏历史还尚未开始，所以会不自觉地美化爱情的样子，高估爱情的作用，认为那种陪伴和眷恋才是人生的意义，并且匆匆地把某个能给自己爱情冲动的人当成了上帝，只有他能够拯救自己的人生，塑造人生的幸福。初涉爱河却被爱情的海浪打得眩晕的梵高也是这种状态。

他自幼孤僻，早已习惯了一个人看书画画的日子，充实却寡淡。而直到像小鸟一样叽叽喳喳的尤金·莉娅飞进自己的生活后，他才感受到两个人相互倾诉、相互欣赏原来可以让生活如此活泼生动。他像在冰窖里待久了的人，遇到火热的她就本能地靠近，越感受到温暖，越不想放弃，直到产生永远拥有这火种的贪婪愿望。只不过，爱情不是生火那么简单，尤金这颗火种在短暂地靠近后又回到了她本来的位置，而尝过爱情滋味的梵高却不情愿再重拾之前的平淡。

在和尤金认识后，他对新生活的建设雄心勃勃：他要克服自己

内心的小小抵触好好工作，凭不俗的销售业绩当上古比尔画廊的管理者和负责人，他要在伦敦定居，最好在尤金家附近买下一栋独栋房子，这样自己既能和尤金有独处的空间，也能让她离母亲不至于很远。在周末和假期，他会带着尤金和像她一样活泼的小尤金从伦敦的街道跨越冰冷的大西洋，走到严谨的德国，浪漫的巴黎和西班牙，一直到奔放温暖的地中海。而"梵高先生，我已经订婚了"这句拒绝的话，像飞沙走石一般把他臆想的华美城堡化为齑粉。

再看这个没有尤金的伦敦城，一切都变得黯淡无光，街道和建筑不过是一团阴郁下的浅灰，自己的工作不过是像有钱人兜售附庸的风雅，自己不过是连心爱的姑娘都看不上、一事无成的穷光蛋。海牙不过是一座没有寄托的空城。离开工作后，他百无聊赖，晚上在家里用酒精帮助自己入眠，白天就拖着一身邋遢的衣服和满脸的胡子游荡在伦敦的街道上。一向把自己生活安排得满满的梵高感到一种巨大的空虚，不过这种放松也很不错。

如果不是进入那座教堂，梵高可能就会成为一个伦敦街头的小混混儿。一天下午，梵高像往常一样很无聊地走在街道上。这是个周六，很多人放下手中的工作来到教堂做礼拜，他们的脸上露出虔诚的表情。不知道为什么，这些人让他想起小的时候听完祷告散开的人群，他们脸上露出心满意足的神情，也想起了热情洋溢地为人们传播基督教教义的父亲。可能是一种亲近，他下意识地整理一下自己的衣服走进了教堂："我的孩子，请问，主能够帮你什么呢？"可能看梵高的状态不太好，一位牧师亲切地走上前来关切地问道。被尤金拒绝后，梵高很久没有被人家关心。听到这句父亲曾说过千万遍的"我的孩子"，梵高心里涌上一阵暖意，他笨拙地说："我觉得自己一无是处，看不到任何希望，没有活下去的必要了。"

第三章　不弃热情：恋爱失败，乐做宗教布道者

"孩子，你怎么会这样想呢？快来坐吧，主愿意静静地听你诉说你的生活，所有的快乐和烦恼。"

于是，梵高把他这么多年在伦敦的打拼、遇到尤金的心动、一个人生活的寂寞、对未来生活的期盼，以及最后被她拒绝的心如死灰全部都说出来。历史像一个长长的黑暗魔咒，当他偶尔想到过去某个不能触碰的点时，他的神经就突突地痛起来，捂着头不愿意再回忆。这时候牧师柔声地鼓励他、引导他，缓缓地说完整个故事。

牧师可能对这种事情和梵高这样沉迷痛苦的年轻人看得太多，于是他要梵高抚摸着他脖子上的十字架，把手放在《圣经》上，低声念着《圣经》里的教义："别怕，我的孩子。不论你觉得是怎样的孤单和无助，主是不会抛弃你的。"

不知道为什么，这位牧师让梵高想起了远在荷兰的父亲。他的手里也拿着这样一本《圣经》，那是一本翻得很旧、封面已经破碎的书，经历了多重磨难，画满了父亲的注解和符号。那些词句也像音乐一样，舒缓了他快要崩溃的神经。全部倒出来之后，梵高的心里有一种莫名的轻松，这也可能是他这多年所有负面情绪的一次集中的释放。

镇定下来之后，梵高和牧师聊了起来。"牧师，我感到非常疑惑。为什么你刚才所说的教义我从小都知道，可是以前我的感受没有现在这么强烈呢？"

牧师听完梵高的问题微微一笑："因为当你在俗世待得太久，你便忘记了神的存在。是啊，人在世俗中太久，就觉察不到神的存在，可是当你忧愁、孤寂的时候，你才会想起去寻求神的慰藉。可是神并不怪罪人的疏忽和自私，还是会像父母一样，支持、注视着你。"

这句话仿佛给梵高黑暗、潮湿的心房送来了一丝阳光。他把这

座教堂当成了自己的另外一个住所，另外一个能带给自己温暖和慰藉的地方。梵高从父亲的书房里偷偷读了很多宗教书籍，自己通过刻苦努力掌握多门语言，所以他待在这里时也会发现，牧师祷告或工作忙不过来时，他也能充当临时牧师去帮助一些人，那些人和自己一样被生活的苦难折磨着，或者是收入微薄，或者是爱人遭遇病痛，或者是久久没有子女。梵高听了他们的倾诉，惊奇地发现心底的忧愁又慢慢少了一些，因为当他转过脸去，才发现周围有那么多和自己一样忧愁的人。而且看着愁眉苦脸的人满身轻松地走出教堂的时候，他心里也多了一份成就感。

慢慢地，过去的那一切并不让自己痛得撕心裂肺了，那不再是生命的失败和终结，而只是自己跌跌撞撞的一场不那么愉快的梦。他变得快乐而轻盈起来，在传递着神的旨意治愈其他人的同时，他也把自己治愈了。

有一天，梵高早早地来到教堂，像平时一样找了个地方坐下，等待前来祷告的人群。牧师看到文森特神情凝重，关切地问道："我的孩子，你怎么啦？你看起来有心事。"

"牧师，我现在有一个想法，但是我不知道能不能变成现实。"

"怎么了，你在想什么？说出来，也许我能帮助你。"

"我想像您一样变成一位牧师，服侍上帝，帮助那些陷入贫苦的人们。"

牧师听到这句话有一些吃惊："孩子，在这些天里你可能已经对牧师的工作得心应手，但是，如果你坚持继续的话，你就会发现这是一份收入微薄、单调寡淡的工作，你要为此放弃城市的生活，到时候你还会愿意继续吗？所以我觉得这种想法只是你的一时冲动，我有义务劝告你必须仔细考虑你的人生选择。"

第三章　不弃热情：恋爱失败，乐做宗教布道者

"牧师，你错了。相比牧师，你以为我的工作更有可能为我带来快乐吗？不，当我向那些腰缠万贯的行尸走肉们推销一些昂贵但丝毫没有艺术感的画时，那才是比这更加无趣、更加浪费生命的事。而且，那些有钱的人没有这些装饰的画作还能活得很好。可是这些穷苦的人们本来就身居下位，听不到上帝的福音，如果再没有人去帮忙传送，他们就永远生活在黑暗里了。"

"好吧，孩子，你能这么想我很开心。去吧，去追寻想要的道路，我会一直默默地注视和帮助你的。"

梵高通过信件把自己的想法告诉了家人。虽然家里人对梵高任性辞去画廊的工作心怀不满，但是看到他决定继承父亲的衣钵，提奥多勒斯还是十分高兴地表达了支持，家里决定把梵高送到阿姆斯特丹的伯父和姨父那里，潜心学习准备报考神学院。

「二」
备考神学院

梵高的家族为梵高的这次职业生涯的决定提供了很好的支持，在阿姆斯特丹期间，他在自己的伯父和姨父家轮流居住。两位老人对于梵高的到来十分地欣慰，他们为这个知晓自己人生志向并决意追求的男孩子提供最好的学习条件。两位老人为梵高请来了教会学校最好的老师教他学习语文、希腊文、拉丁文、数学。对这些无私的物质条件，梵高心怀感激，他也充满了自信，在这些最有声望的神学前辈的帮助下，自己的学习一定能够突飞猛进。他觉得广阔的大路正在为他慢慢地打开。于是他每天白天上课认真地与老师讨论，咀嚼消化笔记，然后晚上一直看书看到凌晨，幼年时候上学的那种热情，仿佛又重新找回来了。

虽然每天很累，但他知道提高自己的综合素质、获得考试技巧是通过阿姆斯特丹神学院选举的第一步，也是开始自己的牧师生涯的必要条件，所以，虽然每天都身心俱疲地学习，但是他的心中还是抱有极大的憧憬，并没提出抱怨。

在姨父家里他也爱上了刚刚守寡的表姐，她那大方得体的语言和淡定优雅的生活态度也深深吸引了梵高，把他从失恋的痛苦中重新拉回到追求爱情的道路上，当然他也为这段当时世人无法接受的

第三章　不弃热情：恋爱失败，乐做宗教布道者

爱情付出了惨重的代价。

有一天，姨父在餐桌上碰见了通宵学习的梵高，他面容呆滞、睡眼惺忪、嘴里还念念有词。"梵高，你没事吧，看你的样子又是一夜没睡吧，学习一定要合理地安排自己的学习时间，不能让自己太累啊。"他关切地嘱咐道。

"还好吧，我最近的希腊文和拉丁文感觉还不错，可是那该死的数学和文法，快把我折腾死了。不管我怎么努力，不管老师说了多少遍，我总是记不住那些该死的规则。也不知道怎么写，我和老师都快想要放弃了。"

"数学确实涉及人的理性思维，不能靠死记硬背，你需要花费一些工夫。而且你的年龄确实也不是像精力充沛的那些小孩子一样，所以凡事还是要有耐心。"凯表姐也加入进来，耐心地提供建议。

"可是我觉得我从小的时候在这块的能力就不行。我父亲是传教士，我母亲喜欢画画，两个人的基因决定我可能更擅长于感性工作。比如你们看我读书画画，不怎么需要人教就可以得心应手吗？可是该死的数学让我觉得我是一个傻子。"梵高抓着自己的头皮，一脸颓废。

"我们知道感性和理性工作的差异，可是你是成人，使用好正确的方法再坚持一步不就好了吗？而且，一旦顺利考进神学院，那个时候你不用再被数学折磨了啊！"凯表姐抓住梵高的胳膊，温柔地说。

"既然进入神学院不用再学数学，那我现在这么艰苦是为了什么呢？"

"梵高，既然教育系统有这样的规定，我们就应该遵守而不是抱有怀疑。当你有机会进入这个系统的顶端你才有资格改变。"姨父突然变得严肃起来，因为他最欣赏梵高的就是坚韧执着而不是抱怨

苦恼。

"好吧好吧，那我再尝试一下，静下心，多向老师请教。"看到姨父变得认真起来，梵高也不敢再多说什么了。

吃完早饭，他一个人回到自己的书房。一进入房间焦虑和烦躁就开始冒出来。一开始的热情和向往现在已经荡然无存。看到那些厚得像砖头一样的书，他长期没有休息好的脑袋就开始头痛。现在时间还没到休息时刻，为了打发这段难熬的时间，梵高不知不觉地铺开了一张纸，随意拿起了一支铅笔，无意识地涂涂画画起来。他在桌子前坐了下来，渐渐地一心投入了创作的小世界，心情像渐渐被一只纤细的手细细抚平。

等他回过神来，他才发现自己已然完成了一幅画。他画的是周围这种乱七八糟的环境。一个长方形的书桌，那是每天自己熬夜刻苦攻读的地方。桌子上散落的书籍是他每天枯燥的生活：这是拉丁文，这是希腊文，这是文法，这是令人抓狂的数学。书籍乱糟糟地摆放着，仿佛在宣泄着梵高狂野的情绪和学习状态的糟糕。书的边缘已经磨损，铅笔也都用了一大半，看出他学习任务的繁重和已经工作很久的状态。色调很暗，很符合梵高压抑的心情。左看右看，色调、构图和主题与想象中的一丝不差，正是自己想要表达的那种工作繁重而又心绪不宁的状态。

画出一幅满意佳作的梵高心情大好。他又盯了一会儿，把它挂在自己的书桌前，然后用冷水洗了洗脸，又开始了他的正事。他翻起数学书，先生明天还要继续来检查这一块的学习任务呢。

就这样，梵高用理性说服着自己，用自己的兴趣爱好调节着紧绷的节奏。这样的状态延续了几天，因为几道数学题总是做不对，梵高的烦躁情绪达到了顶峰。有一天，他对讲了几遍还没有放弃、

第三章 不弃热情：恋爱失败，乐做宗教布道者

耐心为自己讲解的先生发起了脾气："我实在不知道自己为什么要学这个！我觉得我是在浪费自己的生命，我是一个已经成年的大人，没有必要像小孩子一样还要学这些自己不感兴趣而且对自己毫无帮助的东西。"

"毫无帮助吗？你怎么还这么幼稚？你之所以放弃伦敦的生活来到这里，不就是想成为一名光荣的传教士吗？可是不学数学，你怎么能进入神学院呢？"

"我父亲就是牧师，我比你更有资格来谈论我所了解的牧师生活。当一个好的牧师首先要熟悉宗教教义，其次要有激情，而且要对旁边的人有善心。这和你会不会数学、会不会这些文法没有半点关系。"着急起来的梵高语调强硬，连对老师基本的礼貌都不放在心上。

"梵高，你只是这一阶段的数学学习没有起色，所以情绪暴躁，才说出这样的话。"

"先生，我是认真的，我真的觉得现在有那么多的穷人在忍受着苦难，等待着我们的救赎。我不想再把生命和时间浪费在这些毫无用处的东西身上。我现在没有冲动，我很理智地知道自己在讲什么。"因为急着辩论，脸上的潮红已然褪去，梵高一本正经，这样告诉自己的老师。

"那好吧，如果你真的决定了，你就去和你的姨父和伯父说吧！"老师很无奈地收拾了自己的东西，缓缓地走出了房间。

毫无疑问，当听到梵高的决定后，伯父和姨夫大发雷霆。他们已经为梵高牺牲了很多，尽他们所能提供了这些条件，而这些都被梵高的一句"没有用处"轻易地否决了。不论软磨硬泡还是动之以情梵高都不愿意再动摇，不愿意再待在这个小小的书桌前继续自己

的学习。而他也"恨屋及乌"地把矛头指向了阿姆斯特丹神学院的学术性的学习和研究，把那儿描述成了一个阴森恐怖、虚有其表且空洞乏味的地方。

也就是说在这里学习了几个月之后，梵高放弃了进入阿姆斯特丹学院深造——听从分配成为一名正式牧师——按照教职慢慢升职的这样一条传统而令人艳羡的职业道路。

收到姨父来信的梵高父亲也心痛不已。在他的预想下，梵高家族的长子不应该有什么偏差，就应该按照他们预想的职业轨迹，进行生存和发展，成为一个牧师、商人或其他体面的职业人。于是他说服自己，梵高在伦敦的古比尔画廊职业的终结只是因为他年少任性、恋爱受挫，想换一个环境，或者发现宗教才是他愿意投身一生的道路。可是他没有想到，在宗教的道路上他才刚刚踏出了一步就缩了回去。于是他心灰意冷地回了一封长信，只是告诫梵高好自为之。

第三章　不弃热情：恋爱失败，乐做宗教布道者

「三」
布鲁塞尔福音学校

可是令所有人吃惊的是，作出放弃报考神学院决定的梵高并没有放弃对宗教道路的追寻，他对宗教的热情比其他所有人想象得更加深厚而且真诚。从姨父家失魂落魄地走出来之后，他的一位好友给他提了一个建议，那就是去布鲁塞尔一个福音学校。这是由山范登布林克和皮特森牧师组织的一所免费学校，只需交一点费用就可以进行一期时长3个月的学习，通过考试后就可以获得没有编制的非正式牧师指派，这是专门为那些没有时间去备考神学院，但又想要积攒神学工作经验的人所设的。

摆脱了数学的高压，学习时间更短，这个学校的灵活设置又让梵高重新点燃了进入神学院的信心。他十分珍惜这次机会，又以饱满的热情投入学习之中。

学校课程设计是以一个实用的原则，传递当一个传教士的各种规范和流程。涵盖了牧师的穿戴、牧师的演讲方式和演讲风格，以及怎样写传道书，怎样处理和民众之间的关系，怎样更好地理解《圣经》等多方面的内容。

因为梵高从小就非常熟悉父亲传道的情况，脑袋比较灵活的他也对牧师工作增加了自己的理解，所以他吸收得非常快，老师也感

到非常欣慰。然而，上了一两个月之后，梵高就成了老师最头疼的学生。

几个场景足以说明老师和梵高之间不可调和的矛盾。比如说当老师说道："传教内容必须要严格遵循《圣经》和宗教书籍，不得有任何添加和删改。"梵高就提出反对："老师我们可以加入一些自我经历，来让传道变得更加有说服力。"

"不，不行，这个坚决不行，传道就是传递神的旨意，而不是我们的见解。你一定要牢牢记住，传道是一件非常严肃的事情，绝对不能变成非正式的一种聊天。"

"可是，我只要把我说的内容告诉那些听众不就好了吗？"

"好了，这个争论到此为止。"老师一脸不耐烦，打断了梵高的质疑。

在每周一次的传教练习课上。梵高为演讲准备了一个多星期，他把稿子改了几遍，按照老师的原则加入了必须加入的宗教的《圣经》节选，然后，他又忙了几天，把它们强行压入自己的脑袋，用激情洋溢的语调背诵出来。可是当他一上台，他的头又开始疼了一些，那些本来已经熟记的华美的语句仿佛被绳子捆了起来，结结巴巴地从嘴里送出来。他看着下面盯着他的严肃的眼神，脑门儿渗出了密密的汗水。他暗自想着对策，大胆地把演讲稿转换成了自己的语言："我们都知道我们和上帝生活在一个世界里。上帝会指引我们。"

"停，"震怒的老师让梵高终止了他的演讲，"你怎么回事儿？我不是反复告诉你，你要传达的是上帝的旨意吗？怎么又不听呢？民众想听的并不是你的看法。"

"老师，我只想用你的方法。可是，对我来说，那些《圣经》的段落太拗口了，根本就背不下来，我觉得换成我这种个人化的叙述方式应该也比较容易理解。"

"作为一个准牧师，你连基本的背诵都不能掌握，那你为什么还要进入这一行？行了，你下来吧，这次练习成绩是不合格。"

梵高和老师的冲突状态一直延续到3个月后，宗教委员会来到福音学校进行资格评定，颁发任教资格。每个人都穿着正式的服装，走到老师的办公室，接受老师和宗教委员会的一纸任命。梵高忐忑不安地走了进去，因为他不知道平时与他针锋相对的老师会给他带来什么样的命运。果然轮到他时，老师严肃地宣布："经过我们的考核，我们觉得你不具有从事宗教传授的资格，所以也不能为你授予教职。""你不认同我们主流的传教内容、传教方式，还公开地和老师顶撞，这根本就不是一个忠诚的牧师该做出来的举动。"另一个评审人员也附和着。

虽然有心理准备，但听到评审斩钉截铁的拒绝，梵高还是难过万分。

"再给我一次机会吧。虽然我的方式可能与你不同，但是我的态度还是很诚恳的，我愿意侍候上帝，愿意去帮助我的教徒。哪怕没有一点报酬，没有任何保障我也可以接受。"梵高跟在收拾好东西、准备离开的皮克森牧师之后，语无伦次地表达着自己的渴望。

"没有报酬没有保障，你真的能够接受吗？"也许是被梵高的最后一句话所打动，皮克森牧师停了下来，严肃地看了看梵高。看到梵高热切地点了点头，他才缓缓地说："因为郊区面积广大，还有很多偏远的地区是别人不愿意去的，所以除了这种固定的牧师职位之外，宗教委员会在那些地区设立很多临时的、没有任何报酬的牧师岗位。如果你愿意去，我可以给你一个机会。"

"我愿意，我愿意的。那些东西我不介意，只要我能够侍奉上帝。"

"那好吧,那你去比利时报到吧,你要去的地方是比利时的博纳日尔煤矿。但是我要提醒你,那是全比利时条件最艰苦的煤矿,生活条件非常恶劣,也经常发生矿难,有生命危险。你要做好心理准备。"

梵高的眼睛一下子亮了起来:"好的,没问题,我马上收拾行李,今天就出发。"

"好的。记住我们所说的一切,传道,一切源于正统。"皮克森牧师在临走之前还不忘语重心长地叮嘱梵高。

| 第四章 贫困挫伤 |

矿区布道，生活信心受打击

在追求梦想的途中，热情的梵高百折不挠，舍弃了待遇、声望等物质诱惑去做他最想干的事情。只是，行走的路上他渐渐发现铭记内心的远方可能并不是自己想象的样子，回归线有时候也不再对自己有吸引力。生活再次失去目标和意义。勇敢的梵高拾起勇气，再一次听从内心的声音，找到一条吸引自己的路。这一次，他选择了绘画，再次启程，并在这条路上走到了生命终点。

第四章 贫困挫伤：矿区布道，生活信心受打击

「一」
布道受挫

从火车站下来，梵高问了好几个人才打听到煤矿的具体位置，他雇的那辆马车颠簸了一夜，才到达这个矿区。无聊的路上，他和马车夫攀谈起来。开始马车夫对像他这样一个衣着体面的人前往矿区的目的感到不解，但当他听到梵高主动申请来这边担任神父职位的时候，他张大了嘴巴，再也没有回过话。来到了矿区之后，马车夫如躲避瘟疫一般头也不回地离开了这里，而梵高也好好地打量了他要工作的地方。

虽然对当时牧师口中的"全比利时最艰苦的矿区"有一定的心理准备，但当真真正正地感受到矿区的气氛时，他还是倒吸了一口凉气。这里被高耸灰白的矿山围绕，放眼望去连树木都难见到。空气灰蒙蒙的，缺乏水汽，弥漫着灰尘和沙石的气味。虽然梵高出生在村庄，但这里的环境却比村庄更加恶劣，在视野所及的范围内，只有偶尔出没的背负重担的工人，极少能看到村镇上都常见的小店或房屋。梵高打了几个喷嚏，大踏步地迈进去。他是来这儿传递上帝的福音、解除他人的苦难的，如果来到这儿，还像自己在伦敦活得那么优渥，自己的目的就是白费了。他在心里这样暗自给自己打气。

在几个工人的指引下，梵高找到了矿主的办公室。说明来意之后，梵高还是受到了颇为热情的招待。矿主把他引入自己要住的小房子，房子不大，在矿主办公室的旁边，里面也早已收拾干净。摆设非常简单，只有一张桌子、一张床和几个板凳。

"条件简陋，我希望您不会介意。"矿主有些内疚。

"没有关系，我是来传道的，不是来享受的，而且这个条件在你们矿区应该也属于很不错的吧。"梵高十分谅解，麻利地放下自己的铺盖。

还没坐定，梵高就迫不及待地向矿主询问这边工人的情况。矿主对这样一个简朴、不挑剔的年轻人很有好感，为他倒了杯茶。就坐在床头边把这边的情况一五一十地介绍了一遍。原来这并不是一个产能很高的矿，由于政府的支持才一直运转下去。由于开出的工资不高，并不能吸引那些年富力强的人，所以大部分的工人是家住在附近地区，但年龄偏大或者身体有问题的人都住在这里。这儿的设备比较落后，生产效率比较低，所以矿工不得不长久地待在地下，要用最原始的人力把煤炭一点点地分拣、搬运上来。而且由于保护设备缺乏，之前已经出现了类似崩塌的小事故。谈到这儿，矿主忧心忡忡地叹了一口气。

梵高一直认真地听着，眉毛也越拧越紧，他也越来越觉得自己来到这里是正确的。这儿的人们遭遇凄惨，急需得到一些心灵的安慰和扶持。"那么请您告诉我他们的休息时间，好让我来给他们安排做祷告和福音。"梵高热切地问。

第一次传道定在下一周。在这一周的时间里，梵高像学校里考试前的学生，对即将来的测验紧张而又充满期待。他十分用功地把学校学的那些都温习了一遍，怎样根据环境、天气和心情选取布道

第四章 贫困挫伤：矿区布道，生活信心受打击

主题，怎样撰写演讲稿，怎样设计演讲时的动作和表情。他认认真真地准备着，全然没有察觉到这一个星期除了吃饭和上厕所他都没有离开过自己的小窝。

这期间，矿区下起了大雨，雨雪很快使这里成了一个泥浆遍布的地方。梵高也定下了自己将要截取"暴风雨来临，上帝用诺亚方舟拯救人类"的《圣经》节选，他为自己如此灵活地把握布道而沾沾自喜。

开始，下面的矿工还饶有兴趣地听着布道，偶尔提出"这个方舟得多大啊""这个方舟在现实生活中能看到吗"之类的轻松问题，气氛还算热烈。可是当梵高进入布道阶段，质疑和反感就迸发出来了。

"这个故事告诉我们人生来有罪，可是上帝对我们怀有宽容和救赎之心，帮助我们解脱苦难。所以，我们要相信主，相信他对我们的庇护。"在梵高说完这一句话之后，下面像炸开了锅："每个传教士来讲的都是老一套，有什么意思？我们没偷没抢，安分守己，凭什么说我们是生来有罪？""就是就是，还说上帝会帮助我们，那我们为啥还在这边卖命，帮助我们的方式就是让你们这种传教士在那儿说风凉话吗？"

看到下面乱成一团，第一次布道并遇到这阵势的梵高，开始手足无措起来。"大家安静，请安静。上帝不会抛弃大家的。我们要心怀感恩。"一慌起来，他急得面红耳赤。

"也不是你的错，你也别急了，好了，大伙儿都回去睡觉去吧，明天又是一天的活。"领头的那个人看梵高不是个硬茬儿，也没继续纠缠下去，说着把衣服一披，周围的人也一哄而散。第一次布道就这样闹剧似的结束了。

一周精心的准备竟落得这样的田地，梵高沮丧不已，一屁股坐在空荡荡的地板上，蜷成一团。他还没有太多经验，心底只把这样的失败往自己身上揽。果真，自己像老师所说，不适合做个传教士去传播上帝的福音吗？矿主不知道什么时候进来了，他静静地拍了拍梵高的肩膀，许久才开口："已经很久没人愿意来这边传教了，这边环境又脏又差，工人没上过什么学，也不吃宗教那一套。以前的传教士来也是这种情况，他们也不会傻到再对牛弹琴，就象征性地做做工作，熬到教职结束为止。所以，你也别太难过、太自责，和你自身没太大关系。"

矿主的开解并没给梵高带来太多宽慰。"我既然来到这个地方，看到了他们的苦难，就要去解救。眼睁睁地看着算什么基督教徒呢？所有人都想解脱，没有人想沉溺在苦难里。这次不怪他们，还是怪我准备得不够好。我回去再调整调整。"

回到自己住的地方，梵高修改了自己的布道稿，把那些晦涩拗口的词语和句子换成平易近人的大白话，从《圣经》中挑那些更接近人生活的故事以及弱化基督的救赎思想，只传递出受难时人们同在的感情。他相信，没有不愿皈依的教徒，只有布道不好的传教士。

布道又进行了几次，来的人零零星星，反应也很疲软，但梵高与他们更熟悉了起来。上次布道开口的那个人叫鲍勃，也和梵高成了好朋友。有时，他安慰起挫败失意的梵高："不要苦恼了，我们听不懂那些，不也是活得很好？你有这个心在这边陪着我们，咱们就当你是自己人。"梵高欣慰于这些矿工还没完全排斥他，但还是想进一步地接触他们的生活，于是，他做出了一个大胆的决定，那就是跟着他们下矿，和他们同吃同住，全方位体验他们的生活，进而更了解他们的需求，带他们超脱苦难。

第四章 贫困挫伤：矿区布道，生活信心受打击

矿主听到这个消息十分吃惊，他担心梵高的身体会吃不消这样高强度、枯燥无味的生活。可是，拗不过梵高的坚持，他也无可奈何地只叮嘱他一定要照顾好自己。相比之下，鲍勃等矿工就高兴很多，他们热情地为梵高腾出了一个大通铺，也倒腾出一套下矿用的工服和探照灯。

「二」
矿区生活

尽管过了很久,梵高仍然能清晰地记起第一次下矿时的震撼和不适。沿着下井的小道下去,光明仿佛一下子就被隔绝在了外面,只有几盏小灯柔柔地摇曳着,勾勒出一点前行的痕迹。平常熟悉的星光、日光和月光在这儿完全失去了痕迹,只有这零星灯光陪伴着工人。人在里面行走必须要小心脚下,因为稍不留意就会被装满焦煤的铁铲和飞速运转的挖土机刮到皮肤。脸部甚至能感受到空气中硬邦邦的煤渣颗粒,吸进去硌得呼吸道和肺部要疼上好一阵。顶部很低,人们必须低着头蜷曲前行,俨然黑暗中奋力前行的大型爬行动物。梵高紧紧跟着领路的鲍勃,不停地询问着矿区里面的情况,对这时候的他来说,只有言语和陪伴才能驱散他内心里的恐惧和不安。

矿工工作时,梵高按原计划在旁边观察。昼夜在矿区里没有意义,所以这儿工人的作息都是按照固定的钟点来,所以有时候梵高的生物钟提醒他黑夜已经来临,他还是要打起精神,继续做好陪同的工作。

几天下来,他就摸清了矿下工作的规律。这儿有很多分工,比如,鲍勃就负责把炸出来的煤块捣碎成小块,供下一道工序的人分

第四章 贫困挫伤：矿区布道，生活信心受打击

拣和装箱，这属于不太吃力的工序。鲍勃所做的就是抡起膀子，吸住一口气，机械性地用固定的力道往下一下下地敲打传送到他面前的煤块，大的煤块需二十下，小的需要十下，有的特别难敲碎的煤块就要瞅准一个角度，用力猛击两下，直到石块发出闷响。但是，做这个的时候必须要十分小心，眼睛要时刻提防迸出来的小煤渣溅到身上。宣告停工的钟声一响，鲍勃就如释重负地扔下铁锹，拿起一块用了很久、早已看不出颜色的毛巾跳进一个叫"澡堂"的大池子，囫囵地把身上的煤灰洗掉。

除了鲍勃，梵高也摸清了负责装箱的安迪、负责检测通风和漏水的雷等工友的生活规律。他的问候也给枯燥的矿工生活带来了乐趣，于是没用多久，他们就成了无话不谈的好朋友。越和他们接触，梵高越觉得他们的生活单纯而快乐，生活哲学也十分通透。比如，当听到梵高对房东女儿仍恋恋不舍时，安迪一句"想个屁，不要老子，老子就去找其他人，还怕找不到女人不成"让梵高顿时看开了很多，感情的事真不需要勉强，总会有其他可能。当听到梵高因为卖画意见和有钱的顾客发生争执时，雷的一句"关键不是有钱没钱，该表达出自己的观点时就要表达，还能因为你的钱不让老子讲话不成"也让梵高释怀很多。至于"宗教都是那些有钱又自寻烦恼的有钱人玩的东西，像我们这种人也没什么大烦恼，那些就算我们担心也解决不了啊。实在难受吃一顿好的、睡一觉就解决了"，这样的话更让他理解了自己的布道不受欢迎的原因，也让他对自己接下来的工作改进有了隐隐的想法。

又到了布道的时间，梵高却一点也提不起兴趣。没错，他是想帮助他们，但是接触时间久了，他强烈感觉到困扰那些高智商、高学历的人的生命意义、价值等问题根本没出现在这些矿工的脑海里，

因为他们更关心几点敲下工钟点、今天伙食是什么、能不能偷懒多睡一会儿这样实际的问题。那些所谓开导解脱的宗教教义不过是高智商、受过很多教育的人的智力游戏，对于他们来说远远不如一句"休息"来得好用。除了布道，他想用其他的办法帮助他们。他曾经想帮助他们干活，可是抡了几铁锹他就累得直喘气，而且工友嫌弃他做得慢，耽误时间。

在令人窒息的空气和黑暗中，流动的却是比地上更强的生命力。

还有一次，雷带着梵高去一位老奶奶家里做客。在没到她家之前，雷就把她的悲惨身世说了个遍。原来，她和她丈夫是在矿井认识的，一开始一起上工，后来就结婚了。不过孩子刚出生那一年，丈夫就在下井时摔死了。她就一边挣工分一边养孩子。好不容易过了这么多年把孩子拉扯大了，孩子在16岁那年因为煤气中毒死了。她工作一辈子、奉献一辈子的矿井就这样带走了她这一辈子仅存的依靠和陪伴。老人身体也不好，患有矿工常见的热病，因为久久缺乏药物，已然发展到晚期。

老奶奶身材瘦小，长期不见天日的劳作环境使她萎缩成又黑又瘦的人形，生活的苦难也磨砺出她的坚韧和温顺的性格，和她的对话一点都感觉不出抱怨和哀愁，只是友好的亲近和让人神清气爽的豁达。

"威妈妈，"梵高按他们的口吻称呼她，"听说你最近又生病了，现在还好吧？"

"好多了，这样的病也不是什么大病，我这身子骨儿早就习惯了。多多休息就会好一点。倒是你们年轻人刚刚开始做这样的工作，要注意身体啊。"老人佝偻着腰，给两个人端上茶水，颤抖的声音里满是淡定，语气中的关心也让梵高有种在家里见到妈妈的错觉，心里

第四章 贫困挫伤：矿区布道，生活信心受打击

一阵温暖。

"上工呢，累吗？"

"也习惯了，做得熟了之后就没一开始那么难了。威走后我在家也没什么事情，有的时候会帮看一看孩子，他妈妈也太忙了。"

梵高看着老人历经风霜而顺天知命的脸，本来准备好的传道词"人类要向谷类学习，内心越丰富越要谦卑地低下头颅""人们要效仿基督，要生活得朴素，不要好高骛远"也没说出口。老妈妈一辈子的忍耐和坚持是一种最朴素的哲学，这难道不比那些福音书更有说服力吗？

一天，安迪一反平常的活泼，一天也没说几句话。几番询问之后，梵高才知道煤矿下天气阴冷，同在煤矿工作的安迪妻子得了重感冒，耽误了好几天都没好。看着愁绪满脸的安迪，梵高也焦急万分。

"要不你让你妻子住在我地上的房间吧。通风好，能照到太阳，对身体也有好处。"

"那不太好吧，你怎么办？"安迪脸上满是不可思议。

"没事，你们能住这儿，我为什么不能住？而且，没什么不太好的，她的身体比较重要。"

当天晚上，梵高就帮安迪把他妻子的铺盖收拾到了地面上的小屋，只引得两个人连连道谢。于是，梵高正式加入了地下生活。

虽然不下工，梵高自然地把自己定位为矿工中的一分子，和其他工人一样习惯了这个暗无天日的活动空间，甚至觉得它温馨甜蜜。他总结出了很多生活技巧，比如在矿区的哪个地方吃饭光线最好，睡的时候通一点风避免中毒，在哪个地方吸烟不会点燃气体。他已经找到了和这些工人相处的最好方式：作威作福、高傲冷漠的人会被一致地孤立，而只有谦卑温和，主动去贴近他们的内心才能赢得

认可。

  梵高俨然成了这儿无形的精神领袖。谁有个什么事情不能上工都能喊他来顶上一阵子；矿工中暑晕倒也会找他来掐一掐人中，孩子无聊时会找他，因为他看过太多书，随便一引申就是一个情节多变曲折、人物层次丰富的故事，甚至这儿的小矿工看上哪个女孩想表白都会先和梵高通一通气，说不定能让他出出主意或者写一封情书、画一幅画去虏获美人芳心。虽然他们的事情琐碎而枯燥，但梵高乐此不疲地掺和着，因为在帮助他们的时候他渐渐忘记了自己求爱被拒的屈辱，各种微小的助人的快乐积攒成一种巨大的成就感和使命感。而且，能让矿工过得舒适一点，他也觉得没有辜负上帝派他来到这儿的使命，虽然他口头上没有再传道。

第四章 贫困挫伤：矿区布道，生活信心受打击

「三」
提奥来临

从古比尔画廊辞职、放弃报考神学院、主动来到博纳日尔这个贫瘠的街区，这一切都让梵高的父亲伤透了心，他不止一次地在信件上、在会面时表达自己的愤怒和失望，可是这些随后就变成了哀求和无奈。一次次对梵高的决定失望，父亲干脆采用眼不见心不烦的冷战政策。而梵高生性敏感倔强，不想让别人看不起自己的选择。所以，在来到博纳日尔的这段时间，深知宗教事业尚未有起色，他也不愿意再和家人频繁地联系。他心里暗暗憋着一口气，等到自己功成名就的那一天，再来向家人证明当时的路虽然艰险，但十分值得。两个人立场不同，却都不约而同地选择了冷战。

可是，孩子终究是父母最深刻的牵挂，哪怕父母已经伤透了心。在久久来信没有回复之后，父亲沉不住气了，要提奥来矿区看看他的大儿子。深知在家里梵高只和提奥的关系最融洽，他也把自己的担忧和期待告诉了提奥，希望他能把以前那个走在光明大道上的大儿子带回来。提奥也很久没有收到哥哥的来信，很是担心。于是，带着思念和父亲的任务，提奥从巴黎请了几天假，动身出发，来到了比利时的这个小村庄。

和梵高一样，提奥也多方打听，找了一个人带路，几经波折才

找到了煤矿。身穿燕尾服、拄着文明杖的他也被这儿耸立的煤矿、灰蒙蒙的天气和只露出眼睛的黑乎乎的侏儒吓了一跳。但他没想到吃惊的还在后面，一开始他以为被宗教办公室下派来的梵高应该和矿主住在同样的地方，找到矿主后却被告知他早已把自己的小屋让给了一个生病的女矿工，而自己在矿井下找了一个地方。在矿井之下？提奥疑惑不已，现在的传教必须深入到矿井之下吗？难道不能等工人下工之后召集下他们吗？矿主的回答让他更为震惊，原来他的哥哥在这儿早已不是充当牧师的角色，更是当起了医生、保姆和仆人。因为梵高的为人，矿主对提奥十分热情，并主动差使一个工人把正在矿下忙碌的梵高叫上来。"不用了，我想去看看他工作和生活的环境。"

等到梵高见到在他住处坐着的提奥时，他刚刚从煤矿出来，深棕色的背带裤也被煤渣染成黑色，脸上也没一块干净的地方。"提奥，你怎么来了？怎么也不来信说一声呢？"梵高用毛巾胡乱揩着脸上的汗，兴奋地问道。"我写过信给你，是你一直没写信回家，父亲太过担心你，所以让我过来探望下你。""那应该是没收到。这个鬼地方交通太闭塞了，有的时候你们的来信我要推迟了十天半个月才能收到。""哦，话说，你不是牧师吗？怎么和矿工一起住在这儿？而且，你自己的衣服呢？你怎么穿成这样？你现在这个样子出去，估计爸爸、妈妈都认不出来你了。爸爸、妈妈让我给你捎来了衣服和食物，你一会儿赶紧把衣服换上吧。对了，上次我们不是给你寄过一些棉被和衣服吗？"直到现在提奥也是满腹疑问。

"哦，没什么的。我一个朋友的妻子得了热病，我觉得在通风的地方养病应该会恢复得快一点，就把房子让给她了，衣服和被褥也分给他们了。这是他们给我找的工服，穿起来还挺合身吧，我觉得也挺好，在下面这种环境穿起来特别方便。"

第四章 贫困挫伤：矿区布道，生活信心受打击

"朋友？从什么起你的朋友是这些工人了，不应该是矿主和宗教委员会的人吗？你应该和他们搞好关系，这样服职结束后，你就可以调到更好的教区啊。"梵高话里的"朋友"深深刺痛了提奥的神经，加之回想起在路上带领他的那个叫安还是安迪的矿工热情洋溢地夸赞着梵高，甚至叫他"基督传教士"，他再也忍不住，抛出他的疑问。

"就因为他们是工人，我不能和他们成为朋友吗？这是什么逻辑？提奥，你不能和他们一样也是这种世俗的观点。你要知道，他们这些底层人身上才保留着最淳朴、最自然的人性，再看看那些衣冠楚楚的商人和政客，你不是没和他们打过招呼，你知道那些是什么人！"

提奥虽整天混迹于巴黎带有政客和富商的上层阶级，但性情善良温和，对下层人民也礼貌有加，之所以刚刚问出那么尖锐的问题，还是被梵高这样自虐性的举动气得口不择言。果然，在听到这些话之后，提奥的话开始软下来："好了好了，哥哥，你可以把他们当朋友，你可以去帮助他们，但是你终究和他们不是一类人啊，你能在这矿下干一辈子吗？在宗教委员会看来，你这是不务正业，肯定也得不到升迁，那你的宗教事业怎么办？退一万步讲，你就算不从事宗教，你又想干什么呢？在这儿体验生活也体验得够了吧？"

不愧是最了解梵高的人，提奥的这番话非常有效，戳中了梵高的敏感点。"是啊，我都快30岁了，到现在还没什么成就。提奥，这也是我现在不敢和父母联系的原因，实在没有脸面。"

"没事的，他们又不怪你，哪个年轻人的成长路上不遇到一点挫折呢？关键是你自己怎么想的，你总得对自己的未来有个规划吧。是成为一个牧师吗？"作为画商，提奥常常与客户、与画家甚至与老板进行谈判，沟通技术十分精湛，他也在慢慢引导梵高说出他真实的想法。

"不，我不愿意成为牧师了。"梵高低着头，但这一句话却不低沉。

"自从我来到这边之后，我和他们同吃同住，看着他们在我面前工作、生病甚至死亡，我能感受到他们的痛苦，这是被上帝遗弃的地方。可是，牧师能干什么？为他们宣讲福音书吗？为他们阐述《圣经》故事吗？不，这对于这些没上过学的人根本没有用处，只是虚头巴脑的东西。他们需要的是钱，是实实在在的物品和帮助。我实在没办法像那些牧师一样穿着体面地做着言语花哨的演讲，然后放任这些伙计们受苦。"

"啊，我理解你的这些想法，但千万不能让父亲知道，他当了一辈子的牧师，你这样讽刺他的职业，非把他气死不可！"提奥谨慎地看了看周围，就好像父亲就在附近一样。

"我知道了。可能父亲能处理好这种局限性，可我处理不好，我过不了心理这一关。我想帮助这些人，我想实实在在地帮助这些人，因为，提奥，如果你在这边住过一段时间就会发现，他们都是特别好的人。"讲到这儿，梵高的言语有点哽咽，眼里也闪出泪花，见到自己最亲近的人，他敢于放心大胆地吐露自己内心深处真正的情绪。

"我知道你做人善良，我支持你的这种想法，可你总是要找一个正经职业吧，先养活自己再去帮助他们。你还真打算自己一无所有，让他们像对待基督那样吃你的肉啊？"

"是啊，我也在想这个问题。可是，我能干什么呢？我不像你，不适合去卖画，因为我处理不好与顾客之间的关系。我也不想当牧师。我还能干什么呢？我能读书，读过很多书，难道让我像左拉那样去写小说吗？可是，除了给你写信，我也没写过其他东西。我平时会画点素描，但那都是作为休息放松，技巧什么的都不值一提。这样想想，我好像真的干不了什么啊。"梵高十分冷静地分析着自己

第四章 贫困挫伤：矿区布道，生活信心受打击

的事业和前途。

听着梵高的话，提奥仿佛突然想到了什么："你现在在素描？快，拿来给我看看。"

接过梵高递过来的几张素描一看，提奥这个艺术界的老手就知道自己这位善良的哥哥在模拟米勒的画风，递过来的几张素描都是在井下工作的人、大雪中黑白映衬的矿区等主题。技巧确实比较粗糙，不过从选材和构图来说，确实能看出作画者比较认真，花了一些工夫。"嗯，哥哥，以我的眼光来看，这些画作确实不太成熟，但是能画出来就说明你在这方面还是有一定天赋的。而且你从小爱看书爱画画，不论是理论素养还是实际能力都不差。如果你不想当牧师，那就当一个画家吧，画你想画的东西。我可以给你找个老师，资助你学画画，然后等你画得再成熟一点，就推荐到古比尔画廊去卖。那样你就会成为一个画家了，你会过得很好，父母不会再担心，你也可以帮助你的这些朋友了。画家，当一个画家，怎么样？"提奥热情地鼓动着。

"画家，画家……"梵高喃喃地说，他从小在家里、在画廊里、在博物馆里、在书上看了那么多的名画和艺术流派，但从来没想到自己也会走上这条高端的路线，一时还有点震惊，但提奥说的确实也在理，自己确实有这方面的热情和可能性，他描述的那个前景也似乎很有吸引力。"那就，那就朝着画家努力吧。"梵高终于对上了提奥炽热的眼神，说出了这一句话。

"太好了，那你就安心学画画，其他的不用担心，我就是你艺术道路上最坚定的支持者。"提奥高兴地握着哥哥的双手，真诚地说。两个人也许都没想到，这番在黑黝黝的煤矿下面的诺言一直坚持到两个人的生命尽头，也点亮了梵高、提奥甚至整个艺术界的生命。

「四」
开除公职

梵高的住处来了几个不速之客,三位体格高大、身穿黑衣的人站在门口,让人瞬间有了一种肃穆的感觉。"梵高先生,您好,我们是宗教委员会的成员,来这儿视察您在这边的传教工作。"

"哦,欢迎欢迎,我这儿比较乱,你们随便找个地方坐吧。你们想了解什么,尽管问吧。"看到了上层组织派来的人,梵高不自觉地感到亲切和归属感。梵高起身,为他们收拾出板凳。

"您在这边做了几次布道呢?平均几天进行一次?每次布道的主题是什么呢?"他们并没坐下,只是掏出了笔记本,一副公事公办的样子,梵高也只好挺直了身体,准备好好回答这些问题。

"正式的布道应该就进行了三四次,主题都是根据天气和矿区发生的一些重要事件而定的,每次也不固定。"

"您在这儿待了将近两年,才进行了三四次布道?真不敢相信,那您到底在干什么?难道没感受到这边的疾苦和对上帝的呼唤吗?"

"有,我当然有。这么长时间没人比我更了解他们的苦难了。他们在下面干体力活,长期看不到阳光,身体都垮掉了。挣了那么点钱还有生命危险,搞不好来了一场暴雨他们就会没命了。先生,我发誓,没有谁比我更想帮助他们解脱苦难了。"

第四章 贫困挫伤：矿区布道，生活信心受打击

"那你没有进行其他的宗教宣讲，比如号召大家学习《圣经》？"

"报告先生，也没有。"梵高仿佛嗅到了这股争执的气息。

"那你口口声声说你理解并同情他们的苦难，你到底干了什么？是坐在那儿流眼泪吗？"

"先生，您不必在那儿冷嘲热讽，我是做了很多实际的事情，比如帮他们看病，为他们读书，把我的床铺和衣服让给他们，和他们一起做工，为死去的工人举行葬礼。我没有虚度光阴，问心无愧。"

"什么？也就是说当你工作的时候你也是穿得这么破破烂烂？你还把床铺让给他们？你可是代表着上帝的形象的，上帝绝对不是你这种邋邋遢遢的样子。还有，你不为活人去宣传主的讯息，却跑去为死的人做无用功。你是牧师，要保持你传播神祇的尊严，不要把自己的位置摆得这么下贱。"

"你们这是什么意思？挽救人们于苦难就是牧师的责任。难道你要我穿得人模狗样，站在旁边背着那些已经打好草稿的演讲，看着他们受难，还指望所有人都感恩戴德吗？这是哪门子的传道，这是虚伪。"

"你才进这行多久，闭上嘴吧，少说这些不尊重的话。我看你都是在找借口，听说你一直做不好演讲，按计划都没有你的教职，是委员长看在你可怜的份儿上分配给你这个教职的。我们当时不顾反对，给你一个施展才能的机会和平台。你就这样糟蹋，这样辱没我们的声誉吗？而且我们作为你的前辈，你就这么一直顶嘴吗？"

"我没有辱没上帝的声誉。按你们那个方式说着风凉话就是传教，我这样辛辛苦苦地去帮忙就是侮辱神灵了？这是什么逻辑？你们可以自己走下讲坛，体验一下那些人的角色，你就知道传道和宣扬《圣经》那些东西是多么无用，还不如替他们做一点事情来得有用。"

"牧师象征着克制、慈悲和体面,你把你自己搞得那么低声下气,连话都说不清,有什么资格再做牧师?"

"随你们怎么说吧,我没什么要讲的了,没什么事情请先走吧,我还要帮工人去做事情。"梵高的脸黑黑的,就这样下了逐客令。

几天之后,宗教委员会的评审结果下来了:"梵高不顾及宗教的尊严,辱没牧师的使命,无法完成牧师的尊严,还公然顶撞工作人员。经商议,除去梵高的教职和传教工作,自本日开始执行。"传到梵高这儿,梵高很蔑视地把这张纸撕了个粉碎:"去他的宗教。"

宗教狠狠地扇了梵高一个耳光,他也再无留恋之意。想到提奥来说过的话,他仿佛也看到了另一条出路。梵高收拾行李准备离开这儿,而听到这消息后,前来送别的矿工也围满了他的小房间。"梵高先生,要保重啊!""梵高先生,不要难过,我们会想念你的。你是我们见过的最好最称职的牧师!""梵高先生,您打算接下来去干什么啊?"这样的话语充满了整个房间,也让有些挫败和失意的梵高得到一些安慰,原来自己的努力是有回报的,明白的人自然会明白。

"我要走了,大家各自保重吧,有机会我会再来看你们的。可能我确实不适合再做牧师,我可能去追求另一条道路了。不必挂念我,我和上帝一样,与你们同在。"梵高穿着矿工分给他的、已然是斑斑劣迹的工装裤,背着他的铺盖卷儿,和他们挥一挥手就走上了离开的路。博纳日尔雪后初晴,融雪已被踩得流淌着灰色的汁液。梵高的身影越来越小,直到消失在远方阳光的光辉中。27岁的梵高也告别宗教,走上了另一条坚持到生命终点的道路。在他与提奥的心里,他这么阐释自己内心的平静:"不去回避困难和情绪,我不在乎我是转瞬即逝还是长命百岁,我只在乎我有义务以绘画的形式为世界留下一点东西。"从此,他找到了自己这一生的使命。

| 第五章 东奔西跑 |

他乡学艺，开创新的绘画技巧

在被一波波现实主义、印象派主义和日本版画洗礼之后，梵高感受着蓬勃的热情，一开始迷茫的他也渐渐了解了自己未来的方向。没有家庭，没有衣食住行考究的生活，他如一个僧人，以近乎自虐的方式把自己的欲望降到最低，这样他才更专注于自己大脑中的那个要感受和表达生活、要绘画、要成功的诉求。终于，他的绘画渐渐有了自己的风格，他在自己的画作左边用红色的颜料小心翼翼地签上自己的名字——文森特，他希望那是世界辨识他的称谓、符号。

第五章 东奔西跑：他乡学艺，开创新的绘画技巧

「一」
布鲁塞尔抱憾终身的友谊

梵高开始绘画时已是将近而立之年的27岁，迅速积攒自己的职业才能、达成职业成就不仅是对自己人生的一种肯定，更是对鼎力支持自己的家人的一种回报。梵高也清楚自己一直是单打独斗，绘画上要想取得进步，还需要专业指导。因此，他在海牙、阿姆斯特丹、安特卫普、巴黎等地去接触绘画，以求摸索出最适合自己的绘画技巧。然而，他锋芒毕露的个性和循规蹈矩的教学之间还是有格格不入的矛盾，每一次的接触和学习都以他的逃离作为结束，而他终于在他自己的世界找到了自己想要的模样。

梵高给提奥写信抱怨自己在绘画的过程中没有人的引导和陪伴，全凭一个人的单打独斗，他渴望着有一位志同道合的朋友和他共同探索和交流，对自己的艺术作品作出评价。对于哥哥这个要求，提奥表示百分之百的理解。由于工作的关系，提奥和很多艺术家私交甚密，他为梵高推荐的是亚历山大·拉帕德。他在信中大力推荐着这个画家，希望梵高能与他好好相处，获得一些正能量。"我为你推荐的这位，虽然年纪比你小了5岁。但是已经在阿姆斯特丹艺术学院学习了3年，也在巴黎著名的沙龙画家来杰罗姆的画室学习，是一位年轻且有自己艺术见解的画家。我和他的认识也是通过他的老

师，老师对他评价也特别高。他的性格也特别地真诚，我相信你们俩在一起会擦出很多艺术的火花。"

没去拜访拉帕德之前，梵高的心里提心吊胆。因为他早已从提奥的来信侧面得知了这位画家与自己身上的不同。拉帕德的父亲一直经商，家境优越，也特别开明，希望儿子专业从事绘画，所以为他提供了雄厚的经济支持，这是他能不做其他工作从小就进入画室，接受这么多年专业训练的原因。在和食不果腹、衣不蔽体的底层工人和农民打过那么多年的交道之后，梵高早已习惯那些朴实接地气的交往群体，对于和这样的富家子弟相处还是有一点担忧的。自己如果在这方面擅长，就不会把古比尔画廊的工作搞砸了。他担心自己会看不惯他们挥霍奢侈的生活作风，也担心别人会看不起他这个一直和农民工人待在一起的土包子。而且在听说拉帕德的父亲送他去专业的美术学校，以及为他建立一个专属画室时，梵高心像被戳了一下，他知道那是无尽的羡慕，可是转念一想，现在的自己也没资格让父亲这么做，毕竟自己的过去让他们失望了太多次。

两个人的首次见面，梵高来到了拉帕德在布鲁塞尔的家。为了表示重视，梵高穿上了提奥送给他的西装，突然恢复几年前才有的正式的造型，梵高一开始还有点不太习惯。他带着几幅自己还算满意的习作，敲开了拉帕德的门。给他开门的正是拉帕德本人，因为已经收到提奥的来信，得知梵高的到来，所以他十分热情地把梵高迎了进去。提奥说得果然没错，拉帕德一看就是有着良好的家境，并且被保护得很好的年轻男孩，他那天穿着面料精良的白衬衫，外面套着简洁的黑马甲，每一颗扣子和每一个棱角都是那么熨帖。他留着很短的平头和白皙的面容，上扬的嘴角洋溢着青春活力。

"你好，很高兴见到你。我目前在做一些画画的事情。以前在阿

第五章　东奔西跑：他乡学艺，开创新的绘画技巧

姆斯特丹艺术学院上过学，应该算是你的同行。我很乐意和你交流一些在画画上的看法。对了，我很早就认识了提奥，他是一个很靠谱的艺术画商，他不仅会为画廊考虑，而且很为我们这些画家着想。我很喜欢他，你有一个这样的好弟弟，也一定很幸福吧。"拉帕德招呼梵高入座，这一番开场白既打破了初识的陌生，又提到了提奥，梵高觉得自己与他的距离又拉近了一点。

"是啊，一开始我也在古比尔画廊担任艺术经纪人，但现在看来，提奥好像比我做得更好，更适合这个岗位。所以，我到现在才开始画画。而你们都已经画了很多年了，我在绘画这条路上落后很多啊。"梵高搓搓手，有点局促不安。

"没关系的，任何时候开始画画都不晚，关键是要在艺术上有悟性，而且投入持之不懈的努力。"这几句话给梵高留下了很好的第一印象，这是个友好而且情商很高的富家子弟。

可能是想帮助梵高打消不安，拉帕德提议把两个人最近的画作打开，互相欣赏给出意见。提到绘画，梵高果然就热络了起来，他主动把自己在博纳日尔画的几幅画摊开。"我没有受过什么艺术学院的教育，所以画作有点粗糙，你别介意啊。我的前两年是在比利时一个叫博纳日尔的小煤矿里度过的，所以我的这几幅画都没有专门的模特，只是看到工作着的工人和农民，就把他们画下来了。"

"你现在主要的工作是在临摹荷兰画派的作品吗？"拉帕德仔细地端详了一会儿梵高的绘画，真诚地问道。

"是啊，你是怎么看出来的？"梵高的话里带有无限的惊奇。

"因为在艺术学院里，我有系统地学过绘画史。你的画风比较冷峻，颜色比较暗沉，还是挺贴近荷兰现在比较流行的自然主义的画法的。"

"我从小对绘画有兴趣,也卖过6年的画,虽然我对绘画接触得不少,但真正决定开始当个画家还是这两个月的事情,下笔的时候还是底气不足。我确实是靠临摹米勒和伦勃朗的画开始画画的。"

"是啊,刚开始画画还没什么经验,还是临摹的多一点。这很正常,画多了,以后自然会摸索出自己的东西。就像一个刚刚学步的婴儿,一开始他依靠推车,上了路之后就学会自己走路,有自己的步伐和节奏了。"拉帕德柔声地安慰着梵高。

梵高在看着他拿出来的画作,是几幅在草地上忙碌的人们。虽然两个人选择的题材相近,但相比于自己的画作风格,可以明显看出拉帕德的笔触更加地自然,颜色也比自己的亮了一点。

"对了,跟您说一下,因为我在巴黎的画室也学习过,其实,巴黎那边的现代主义的艺术运动特别蓬勃,他们可能对荷兰的自然主义画法看不顺眼,所以,如果你真的想在艺术上有所发展,把这套练习熟练后,还是要到巴黎的市场上进行检验。毕竟那才是欧洲艺术的先锋地和领导中心。"

"嗯,那是肯定的。我会记住你的建议的。"

后来两个人又在一些绘画的具体问题上聊了几句,拉帕德对于这个有些害羞但很真诚的画家很有好感,他顺势邀请梵高留在这边吃午饭,可是梵高还是拒绝了。对于那些家境优越工作又努力的人,梵高天生地存在一种不知道怎么相处的窘迫感,这也许是他这个年龄才开始职业道路的自卑感导致的吧。在与提奥的信里面,他也有点妄自菲薄地谈道:"已经和拉帕德见过面。但是,我们见面并不太频繁,为了避免他这样的年轻艺术家的指手画脚。"可见梵高的心里为性格友好、建议真诚的拉帕德扣上了一顶多大的帽子。

随后的相处中,还是拉帕德主动拉近了距离。一天,梵高打开

第五章　东奔西跑：他乡学艺，开创新的绘画技巧

在布鲁塞尔下榻画室的房门，发现了门口站着拉帕德。"老兄，最近怎么样啊？看你没有来找我，我就过来看看你的近况。"看着梵高惊讶的眼神，拉帕德仿佛知道他的想法。"我觉得艺术这种东西不能闭门造车，一定要看看同伴们的进展和想法，所以我来了这里。"后来，拉帕德又主动来访了几次，两个人也聊了更多艺术和生活的东西。梵高就在心理上接受了这位朋友兼同行，他也会主动把自己内心的想法告诉他。一来二往，两位年纪差得不算太多的年轻人就成了无话不谈的好朋友。

梵高离开布鲁塞尔回到了父母所在的埃顿后，由于与父母之间的矛盾冲突，一个人搬到了牧师公馆旁的小画室居住。拉帕德的到访也让来到这个新环境并且和父母闹矛盾的梵高十分开心。

"有的时候我是多么羡慕你呀，你可以安心地画画，不用考虑经济压力，你的全家人也非常地支持。你看我回到埃顿，所有人看着我的眼神，就觉得我是一个一事无成、无所事事的乞丐。连我的家人都嫌弃我丢人，觉得我连一条狗都不如。而我现在自己画画花的全部是提奥的钱，每花一分，我心里的愧疚就增加一分，这些提醒我以后必须要偿还。"梵高和拉帕德在他的画室里找了两个凳子坐下，边喝着梵高倒好的酒边聊着最近的情况。

"我觉得你还是不要给自己太多的压力，只要顺其自然追求自己艺术上的长进就好。提奥是你的弟弟，愿意资助你，而不是纯粹地为了经济的投资。等你在画画上有了一定的成绩，你的父母就会理解你了。"拉帕德还是一如既往地善解人意。"每个人都有自己生活上的烦心事，像我可能确实不太会担心钱的问题，但是我有其他的烦心事。比如我虽然现在在做自己喜欢的事情，但总有一天我要帮助父母打理家里的一切。我对做生意不感兴趣，但是我是家里的

独子，总不能不担起这样的责任吧？而且，我的母亲身体十分不好，好多时间都是卧在床上，我随时随地要担心她可能离我而去。所以，这也是我想提醒你的地方。不要因为一时的矛盾，把和父母的关系搞得很僵，你真的不知道什么时候他们就会离开你。"拉帕德说到这儿，平时发亮的眼神也稍稍暗了下来。

两个人彼此袒露心声，梵高觉得在自己面前，拉帕德卸下了平时那些富豪之子和先锋画家的光环，反而离自己更近了一些，更加把拉帕德当成了自己的知己。

画家三句话不离绘画，这两个人也是这样。几杯酒下肚，两个年轻人又开始兴致昂扬地讨论起了绘画的问题。为了互相督促进步，两个人决定一起在埃顿写生，两个人会定下同一个绘画对象，然后画完之后对彼此的画作提出意见。对两个有一定绘画经验的人来说，发现不同的创作视角就像两个人一起照镜子，你看看我我看看你，总有一些有趣的发现。

因为两个人的生活背景和学术训练的原因不同，两个人的风格也有一定的差异。在对同一个对象绘画的时候，梵高的笔触就比较狂野甚至粗糙，而拉帕德的构图和描述都细腻很多。而在另一个方面，梵高的创作可能就比拉帕德大胆，有创造力。总体来看，两个人相互欣赏，已然成了惺惺相惜的创造伙伴。

一年之后，这样的和谐却被打破，直接导致5年友谊的彻底破裂，而且一直到梵高去世，两个人的关系也没有修补好。

在完成《吃土豆的人》之后，梵高第一时间把小型复制品寄给了提奥和拉帕德。对他来说，这是个人绘画史上第一幅油画、第一幅集体画像，总之是他艺术生涯的一个小小的里程碑。他十分渴望受到两个人对于这幅画作的肯定，可是拉帕德的来信里只有十分简

第五章　东奔西跑：他乡学艺，开创新的绘画技巧

单的"收到，感觉很一般，希望有进一步的提升"这样令人泄气的话语。他的好胜心被激起，他卷了一幅《吃土豆的人》，兴致勃勃地来到拉帕德的家，一定要和他理论一番，让自己的好伙伴认识到自己这一得意之作的优点。

"拉帕德，我收到你的信了，这可是里程碑的作品，你怎么对它这么冷淡？你一定是没仔细欣赏，所以我把那幅画就带来了。"

"我仔细欣赏过了，那确实是我负责任的艺术评论。"拉帕德的目光清澈如常，看不出什么开玩笑或者恶作剧的意思。

"怎么，怎么可能呢？我不相信。"

拉帕德转身拿起挂好的梵高画作，又仔细地端详了半天，面对梵高期待表扬和肯定的眼神，他只是郑重地叹了口气说："首先祝贺你画出了第一幅大规模的群体人像油画，这确实费了很大工夫。但是我不得不说，这是一次比较糟糕的艺术尝试。你的画一直都比较粗糙，这在画个人时表现得不明显，可是这一次画那么多人，为什么不尝试着努力把它画细腻一点呢？你自己看，这幅画里面的漏洞让人不忍直视，那个女人的手是多么地不真实，咖啡壶、桌子之间的关系在现实生活中也是不可能出现。也可能这是什么先锋艺术家的画法，但是和我的欣赏习惯差得有点远。"

客观地说，拉帕德的评论有一定的道理，不够真实和合理从来都是梵高画作的短处，而这在群体油画中确实表现得更加明显。可是，呕心沥血完成这幅大作的梵高受不了这么低的评价，他像一只被烧着的愤怒的小兽，在屋里跳来跳去，大叫起来："你以为你去了几趟巴黎就能代表先进的主流的艺术潮流了？我都能包容你们那种像照相一样的临摹画法，你怎么就不能对我的这种画法宽容一下？艺术评价应该是百家争鸣，不能只用一把固定的尺子衡量所有的艺

术品。还有，为什么只关注画作的形式，不看看皮相下的内容呢？我承认我的外皮确实有点粗糙，但是农民的坚韧和对新生活的希望，你们怎么都没看到呢？"梵高吵着叫着，仿佛要把他自绘画以来遭遇的所有非议都发泄出来。

拉帕德静静地听着，他觉得作为挚友，他有责任指出梵高的不足，也有责任聆听朋友歇斯底里的发泄。不过，令人没想到的是，梵高喊叫完后，瞬间冷静了下来，他抹了抹自己的脸，深深地看了好友一眼，卷起自己的画作就离开了拉帕德的家。而拉帕德怎么也没想到这是他们最后一次见面。在这之后，拉帕德三番两次写信给梵高希望他原谅自己的不同的艺术意见，也时时关注着梵高的进展和行踪，为他的每一次亮相默默打气鼓励，甚至几次去他居住的地方拜访。可是，无论是信件还是来访，梵高都一味地拒绝，这执拗的少年意气一直延续到了梵高生命的尽头，也给拉帕德留下了一生的遗憾。

后来，拉帕德在写给梵高母亲的信件中这样评价梵高："他属于孕育着伟大艺术家的种族。"他也提到了自己的遗憾，"对我来说，虽然梵高一直与我冷战，但他始终不是我的敌人，而是一位让人失望的老友。在未来，当我回想起这些日子的时候……文森特的典型形象会在忧郁但清晰的光线中向我展现：勤劳的、挣扎的、狂热阴沉的文森特，可能会经常被点燃并且变得暴躁，但他总是通过他的高贵和他超常的艺术素质来控制友情和钦佩。"

1890年梵高去世，而两年之后，拉帕德也因病去世。不知道如果两个人在天国相遇，梵高会不会收起他的触角，向他的好友露出宽容的笑容。

第五章 东奔西跑：他乡学艺，开创新的绘画技巧

「二」
初到纽南

在漂泊无依的时候，家庭却是最天然和稳定的避风港和支持源。当自己被陷在比利时地底的煤矿下不见天日，当自己被心爱的人拒绝孤苦伶仃，当自己被周边的人排斥一文不值时，他都无数次想起这个叫家庭的地方和那一份关切。于是，灰头土脸的梵高再一次迈入了家门。但是，再次回到父母身边居住是一个挑战。梵高还记得当年的那场大风暴是怎样见证父母对自己持有异见，把自己的家庭分崩离析，又是怎么样把自己推到千里之外的，和家庭同居仍让他心有余悸。

果不其然，那些支撑自己活下去的家庭温暖只是来自自己浪漫化的想象，一旦距离消失，那种不可消弭的矛盾又浮现出来。对儿子那段恋情的鄙视、对儿子事业无成的焦虑和失望，这些从梵高回到纽南后从父母的眼神和话语中又很深刻地感受到。敏感的他感到自己像一只在雨中流浪很久的狗，浑身湿透却仍被家庭嫌弃为粗鲁而把房间弄脏的畜生。他心里感到难过，但又无能为力。在他写给提奥的一封信里，他这样描述，"居住在家里并不比在荒原让我有安全感。"但是，他和父母之间并没有爆发大的矛盾，更重要的是，他没有钱去给自己租一个独立的地方。

梵高硬着头皮请父亲同意自己使用家里的一个房间作为画室，当他和父亲谈判时他牢记着提奥在信中的教诲："有什么想法告诉我，不要试图和父亲争辩，和他尽量求同存异。"出乎意料的是，父亲虽还是保持着严苛的表情，但还是同意把家里放洗衣机的地方改成梵高画画的地方。于是，梵高在纽南也有了自己的工作室。

即使来到一个新的环境，也不能忘记自己的绘画。调整了几天之后，梵高已然适应了这儿的生活，他就开始马不停蹄地进行绘画。开始他在自己的画室画，但是脑子里出现的只有自己曾经观赏、临摹过的东西：米勒那种厚重阴沉的色彩、忠实平衡的构图和逆来顺受、表情木然的人物。可是，这些东西一点都不能给他点燃挤开颜料、打开画板的激情。不能，一点都不能，因为他知道那些东西是属于别人的，不是他梵高的。

看到儿子开始整天躺在床上愁眉不展，一点都不动那些绘画的家伙，母亲本能地感到梵高的绘画遇到了瓶颈。"孩子，不要给自己太大压力。"

"妈妈，我没法没有压力，我今年已经30岁了，可我还靠弟弟养着。我选择了绘画，就要把它当成事业来做，就要弄出一番成绩。可是我现在根本没什么灵感，也找不出自己的绘画风格。啊，我快要疯了。"

"不然你去室外写生吧！视野开阔，搞不好会有新的灵感，"母亲一边心疼地抚摸着他的脊背一边提出建议。烦躁的梵高听到母亲的建议后，愁绪仿佛有所舒展。在广阔的世界里肯定能发现什么让自己有创作欲望，并且只属于自己的东西。

第二天一大早，他就背着画板早早地离开了家，他要尽早找到绘画的状态。小镇和荷兰的其他地方一样，得益于潮湿的气候和氤

第五章 东奔西跑：他乡学艺，开创新的绘画技巧

氤水汽，颜色不同于比利时黑褐色的大地，整体清爽、淡雅了很多。大片分布的农田如一幅展开的浅棕色的布景，点缀其中的屋舍、教堂和小商店也让这儿少了苦难的滋味，多了宁静和闲适的气息。在博纳日尔的不安和热烈逐渐镇定下来。

梵高待在外面的时间越来越长，他的目光也从自然风光转移到那些勤劳耕作的人们，在田里弯腰播种的农人、在纺织机前织布的工人、推磨的工人、来往送信的邮差像一个个跳跃的音符，欢快地舞动在整个画面上，他被一种整体的和谐和平静所击中，也越来越感受到绘画激情的冲荡。于是，他开始拿起了铅笔，随便窝在某个角落，对着那些天然的模特，开始勾勾画画起来。

相比于对自己的事业持有保留意见的父母，梵高更喜欢那些胸无点墨但对自己十分友好真诚的农人。他们对于梵高整天游荡在村庄的各个角落表示不解，但本能地对这看似很高端的事情表示尊敬，对梵高的询问和请求当模特的需求，他们也是热情地应允。

在整个村庄里，梵高发现了一处能给自己带来艺术灵感的地方，是村子角落的小废弃厂房，小作坊主雇用了几个工人，利用这儿闲置的织布机，进行了小生产。厂房很小，除了织布机和工人几乎没有地方让他放下画板和画笔，梵高不得不很近距离地观看他们的劳动。看着铅灰色的、剥落墙纸的墙衬映的橡木织布机、织工脸上的细纹、破旧的衣服、冷漠淡然的表情和机械性的动作，梵高不禁生出了一种巨大的怜悯，希望把他们在世间承受的苦痛刻画下来。为了更好地捕捉光线和图像，他从一个织工那儿拿了一盏类似米莱《夜工》的小灯笼挂在房间内。而观察了几天后，当织布机上的布料慢慢现出彩色的纹路，小灯笼把大匹的布和人们弓起的背部投射到白色的墙壁，他又有种枯木逢春的兴奋感和喜悦感。总之，这里是个

每天都有新东西涌出的富矿。

  白天，他就待在这儿出神地望着这儿的一切。到晚上，那些光影和神情就在脑海中跳跃翻腾，搅得他难以入睡，逼着他起身流泻在纸上。看似是一个题材，但换一个时间和视角，他就有新的发现和感悟。于是，他有了各个角度的关于飞梭和织工的素描、水彩和油画作品。他忘记了以前的那些屈辱和无奈，全身心地投入自己的创作中。

第五章 东奔西跑：他乡学艺，开创新的绘画技巧

「三」
与家庭的矛盾

父亲离世后，悲痛和追思像一条无形的纽带，把家人的距离又拉近了许多。母亲、妹妹和梵高相依为命，生活在了一起。和博纳日尔的孤苦无依相比，这里的生活简直是天堂，从每天早上起来到晚上爬上床，母亲和妹妹都在无微不至地照顾他：搭配营养准备一日三餐，把乱糟糟的房间打扫干净，督促一画起画来就忘记其他事情的梵高每天更换衣服并洗得干干净净，陪着他聊天，在田野里散步，赶着他准时休息，保证充足睡眠。像一个久处黑暗的岩洞里慢慢有了光的照射，梵高的心灵也从那个孤苦的煤矿腾空飞出，慢慢地安定在这个让人安宁和温暖的地方。心思细腻的梵高发现经历了那些之后，自己仿佛对家庭有了新的认识，不论自己在外面飞翔多久，家里永远为自己准备了一个停靠和休憩的码头。他怀着感恩之心享受着和妈妈、妹妹在一起的每一刻时光。

一画起来，他就忘记了时间和外部的眼光。他绘画的习作越堆积越厚，堆积了小半个房间，也引起了前来收拾房间的妈妈的注意。

"孩子，我感觉你最近待在外面的时间很长，老是一个人在那儿画画改改，你一定状态不错吧？"母亲边收拾边询问着。

"还行，母亲，多亏你的提醒，我已经完全进入正轨啦。你说得

没错，当我们画画时，我们就应该走出家门，走到大自然里去。这样你笔下的东西才会真实，而不是像脑子里臆想出来的事物。"梵高放下手里的笔，语调稍有提高。

看母亲饶有兴趣地听着自己的话，梵高来了兴致，拿起桌子上的一幅画对她介绍道："母亲，你看，这是提奥寄给我的一幅画，画风很精致，但是你感觉到了什么？我们看不出农民生活的疾苦，怎么看怎么觉得像个城镇中的人。你知道这是为什么吗？因为他们只是在城市的环境里想象农村，从来没实事求是地观察、体会过农民生活。"

母亲看着那幅带着泥土的画，不禁挑了挑眉头。

"母亲，你再看我的这些素描。这是种土豆的农民，这是送信的人，都很栩栩如生吧，所以说一定要在真实环境下写生……"

"够了，不要再说了。"母亲放下那些画，尖锐的声音打断了他的话。

"我从小喜欢画画，所以当你选择这条道路时，我的内心深处是高兴的，我觉得咱们家里有个人可以继承这种艺术传统。可是，你这画的都是什么东西？脏兮兮的土地，无精打采的下层人，还有最为平庸的农作物。你看看米开朗基罗那时的画和雕像，你不觉得自己的画很低廉，一点都不崇高吗？"母亲的口吻开始严厉起来。

"崇高？什么是崇高？画一些达官贵人的富贵闲适就是崇高了吗？那些人的生活看似华美，但是很空洞乏味，我不觉得那是崇高。而这些农民，他们自食其力，又十分刻苦，这才是真正的生命力和崇高。"平时结巴的梵高一激动起来，思维和语言异常地清晰。

"就算你要画农民，也请别用这么庸常的方式好吗？我觉得你说的那种把农村人画成像城市人的画法反而很好，起码人家的画比较体面。体面，体面是我们追求的。还有，你看看你现在的一身打扮，

第五章 东奔西跑：他乡学艺，开创新的绘画技巧

邋邋遢遢，和那些农民有什么区别？"

"我没有觉得我的画有什么丢人的，我也没觉得我的衣着有什么问题。我本来就想做个像米勒那样的农民画家，画出《播种者》这样的画。"梵高不甘示弱。

"哎，你怎么那么犟？换句话说，就算你自己愿意，现在有什么人愿意掏腰包把画成这样的画买回家装饰家庭，难道不晦气吗？而且我听提奥说你现在在准备提交给沙龙展览的画，巴黎那样的花花世界能看得上这些破烂玩儿吗？"

"那是他们不懂得艺术，我也没必要计较，总会有人会理解我的。"

"梵高……"母亲还想辩解什么，梵高就气鼓鼓地背着画板出去了，撂下一句话，"我画的画不是破烂玩意儿，我不希望别人诋毁我的艺术。"

这样的争辩在梵高和母亲之间又发生了很多次，保持中立的妹妹再劝也没用。最后，梵高发出最后宣言："我会坚持我的绘画风格和道路，为了让您看不到好受一点，我决定搬出去住。"而对梵高失望的母亲只是疲倦地点了点头，并没有阻止。

为了捍卫自己的艺术理念，也为了维护自己的尊严，梵高决定为自己找一个画室。开始的时候，他还觉得这样对刚刚丧夫的母亲不太好，但当他一想到她那些喷涌而出的伤人话语，他外出找房子的心就硬了起来。他想：亲情只是基因上的传承，可是慢慢成长为一个独立个体，亲情就不一定是最能理解和支持我们的东西。我要成为像米勒、德格鲁一样不顾外人反对、扎根现实、描摹普通人最真实的情态。这是他做出这个决定时的最强烈的念头。

这样想过之后，纠缠他内心的魔障仿佛就消失了，前路也变得更清晰。

「四」
安特卫普

对于他这种特立独行而又追求自由的灵魂,去远方才是一个更好的选择,只有一直做个过客才不会辜负那些安稳生活的责任。于是,梵高坐上了火车,离开了纽南、母亲和妹妹,一直到死都没有再回来过。故乡的温暖和支持永久地存在于他的浪漫记忆里,再不会有现实去侵蚀它。

他的下一站选在了比利时小镇安特卫普,这是他心中的大师鲁本斯的主要创作地,当时在西班牙王室扬名立万的他后来来到这儿当了一名宫廷画家。虽然鲁本斯的画作主要集中在宗教题材,但是他鲜明的色彩和独特的构图还是和他人的作品不一样。将所有朝圣者一样,他想在本次生活的地方学习绘画,嗯,也希望能达到鲁本斯的那个高度。

他的第一任务就是去租一个大小适宜、位置方便的地方作为自己的画室,然后迫不及待地投入自己的绘画生活。梵高已经深深地找到人物画的感觉,那就是不仅要关注人物的精神内涵,而且也要关注人物的外形和轮廓,他把自己发现的这一点迫不及待地引到这一时期的创作中。

他像一个马达全开的机器,每天的生活除了写生睡觉就是绘画。

第五章　东奔西跑：他乡学艺，开创新的绘画技巧

每天接触的人就是从附近的居民中挑选出来的模特，他和他们有着有限的交谈，并没有向他们吐露自己内心的郁结。总之离开米兰后，他已经对爱情失望，并不想着去找一个合适的人一起分享生活。他像一个蚌，完全把自己的壳封起来。而离开家庭后他深深感觉到的屈辱和不甘也成了他全力进行绘画事业的动力。

绘画机器也有金属疲惫的一天。终于有一天他病倒了。他是在做饭的时候晕倒在家里的，按约前来的模特发现晕倒的他，立即把医生请到了家。医生检查了他的身体之后十分吃惊："年轻人你的年龄并不大，为什么身体状况那么糟？按我的检查，你应该是饮食极度不规律和暴饮暴食，没有摄入足够的蔬菜、肉类和水果，导致你营养不良。这也是你的牙齿脱落松动和你会晕倒的原因。你说我的这种推测对不对？"

"是啊，凡事逃不过你的眼睛。"梵高已经醒来，从床上虚弱地立起身子，"从我离开埃顿到现在，几个月我只吃了六七顿正餐。平时早饭和晚饭是不吃的，中饭如果没有什么能吃的，也就随便地吃点硬面包。"

"感觉你应该也是从早工作到晚，吃这么少，怎么能撑住呢？"

"是，我经常感觉到没有体力，所以我吸烟、喝酒和喝咖啡的量会很猛。"

"营养不良情况下再搞那些，更加伤害身体，你为什么要这样对待自己的身体？看你买画笔、颜料什么的也不省钱，看起来也不像个穷人啊！"

"虽然我每月有100个英镑，是不穷，相当于很多人一年的收入，但是那不是我自己挣的，而是我弟弟寄给我让我画画的，我哪好意思把那些都吃进我的肚子？我肯定要把它们投入画笔、画板上，这

样我就能尽快画出满意的画，他的投资事业不至于一败涂地，没有一点回报。"谈到这个话题，梵高的语调又凝重了起来。

"工作重要，可身体也重要啊，一旦身体垮了，你还拿什么画画？"

"这次是意外，平时我的身体还好，而且禁食主义也是很多哲学家和艺术家提倡的啊，因为他们觉得空腹会让他们神志清醒，有更多的创作灵感。还有，我以前曾经想侍奉基督，我觉得人生最寂寞之时，更让我感到人生的苦难，让我有坚持殉道的决心。"

听到这个，医生脸上露出一副不能理解的表情。他从来没有看到一个不是因为经济原因还主动挨饿的人。于是他不置可否地摇摇头，叮嘱梵高要注意自己的身体，然后就走了。

此外，根据梵高身上的红点和他的身体症状，医生还神秘地告诉梵高在性生活上要注意节制以及注意安全，并含蓄地告诉他现在梅毒不可治愈的，还是一个危险系数比较高的疾病。"我怎么可能得了梅毒？"梵高据理力争，他无法把自己的那些放纵欢乐与这么肮脏和危险的东西联系在一起。他拒绝接受后续的检查和治疗。但是，在他的内心深处，他知道为了追求艺术事业，他的身体已经虚弱不堪了。一方面他自虐般地工作着；另一方面他又渴望有一些柔情能够关心他。在他写给提奥的信里，他这么说道："如果艺术家身后没有一个坚定的后盾，他就不会成功。在成功之前，你不能指望他一个人像生活白痴那样生活。"

对于哥哥的这种极端态度，提奥十分熟悉但又心疼不已，他安抚自己的哥哥："哥哥，虽然我也负债在身，但是我还是有信心能够支持我们两人的生活的。我支持你画画，不仅仅是你所理解的投资事业，更是因为我想让你做你喜欢做的事情。所以，对于没有画能卖出去这一点，你不必太过在意，何况所有的艺术都要有一定的成

第五章 东奔西跑：他乡学艺，开创新的绘画技巧

长周期。请务必为了我保重你的身体，因为你对我来说是独一无二的哥哥，是最重要的。"

创立于 1663 年的安特卫普美术学院是比利时著名的艺术学府，历史和声誉不输于罗马艺术学院。梵高正式进入这里学习。有老师和学生在一起交流绘画，自己有免费的模特可供描摹，这对梵高来说无疑是最好的选择。威廉·阿尔伯特知道他来自荷兰，特意来和他打招呼。

"嗨，我听说你是荷兰人，这可太巧了！我曾经去荷兰写生，也待在那儿跟几个画家学到了不少东西，嘿嘿，咱俩真是有缘分啊。你是荷兰人，为了绘画跑到了比利时。我是比利时人，当时跑到荷兰学画。"

"是啊，绘画把我们从世界的各个角落带到这儿，相聚在一起。"梵高本来就喜欢和画家交流。一听到阿尔伯特热情的招呼，对身边的他具有了天然的好感，"我可不是第一次来到比利时了，在之前我也在这个国家生活了两年，不过那时我做的是牧师，后来才画画的。"

"你真有勇气的，不过想要画出好的画必须要在不同的地方生活。面对熟悉的地方是没有灵感的，必须要到别处去。"

"对，这个我同意。"两个人一边听着老师讲课，一边热烈地讨论起来。

"你最近在画画上有什么想法没有？我准备开始画一些人物的肖像画。但是没有什么新的灵感和想法，所以就想来这儿听听专业的老师的声音。"

"是的。每个人在艺术上都有一个探索的过程，不过我觉得我现在是有一点心得可以跟你分享，你可以看看日本的绘画，就是浮世绘，我觉得这对我的绘画来说有了很大的帮助。"

"那是什么东西？其实就是日本描述现实生活的一种方式，一开始也不是很有名，都是作为进口到欧洲瓷器外面的包装纸包在外面的，不过他们的画确实和欧洲的不同，有一定的借鉴意义。不信你看，这幅画叫《浪里白鲨》。"说着，他从抽屉里掏出一卷画作。梵高立马有了不一样的感觉。

"这幅画的色彩很清新，好像看到了真的海浪一样。"

"对啊，不仅是色彩，而且没有构图，他们才不像我们一样一定要讲究一个正统的焦点或者比例。他们的构图非常地自由，表达出内心刻画的情感就可以。你看，这幅画面一展现出来，是不是觉得心情十分欢快？"

"我确实没有做到这一点。一直以来，我喜欢读狄更斯、左拉的作品和伦勃朗、米勒的画作，我一直觉得自己是农民画家。"

"哎，兄弟，艺术理念是一样，自己的艺术表达就是一种事情。我们每个人都想表达我们内心，但是，表达出来的还得看市场是不是喜欢啊！你看看画廊里销量最高的画，要么是文艺复兴宗教题材、特别严肃的画，要么就是色彩特别艳丽、笔调轻松，反映当代生活的画。"

"对啊，这个我弟弟提奥和我说过。我刚开始还不听，我以为只要我坚持我喜欢的东西，画到极致，市场就会接受我的。"

"那种想法已经过时了。现在，我们必须要顺应时代的潮流，必须要变革。如果不这样做，我们就要被这个时代甩到后面的，兄弟。"

阿尔伯特的鼓励给梵高莫大的信心。由于阿尔伯特比较早地进入安特卫普学习绘画，在当地的艺术圈小有名气。所以，这里的老师对阿尔伯特的图画特别关注。因为二人的关系十分亲近，老师也顺便关注了梵高。

第五章 东奔西跑：他乡学艺，开创新的绘画技巧

能上这个油画课的学生也是有一定的绘画基础和经验的人，有的甚至是像阿尔伯特和梵高这样的职业画家。油画课由经验丰富、德高望重的校长授课，所以学生上课格外认真。这堂课，老师要求学生对着裸体的女模特画画，这是梵高常常训练的题材，并不陌生。但是这个女模特十分特别。女子身材丰满，表情娇俏，气质上既有着成熟女人的娇媚又有小女孩的天真，这种奇特的混合让梵高立即想到了很多漂泊在各地的吉卜赛女郎，于是他来了灵感，掏出油彩，迅速地在画布上涂抹起来。他把女孩的腿部比例拉得很长，像正大步走在路上，面部的五官并没有画得很立体，就像刚出生的婴儿那样天真。梵高很快画完了油画，画完的时候颜料还在往下滴。

还正在旁边指导的校长没有想到梵高会画得这么快，但是当他看到这幅画的时候，就生气地咆哮起来："你这是干什么，好好的怎么画成这样？女孩的五官呢？和现实一点都不像，这是想表达没有脸的人吗？身体的比例又是怎么回事？看起来倒是像一匹小马，不像一个女人。你果然是没接受过正式的绘画训练，画出来的一塌糊涂。再看看你的画布，油彩还在往下滴，简直和你自己的衣服一样，邋遢至极。我不想教你这种乡巴佬，我觉得你还是从基本的素描开始吧！"梵高的脸憋得通红，也开始嗡嗡嗡驳斥起来。只是，他说得太快，没有人能听懂他到底在说什么，只依稀听到"精神""效率"之类的词。

阿尔伯特听到校长的训斥和两个人的争执也前来劝阻，但是固执己见的校长执意要把梵高踢到素描组，那儿的学生都是刚刚握起画笔的人，很多都是十几岁的孩子。梵高动了动嘴就是没有反驳。

素描组的气氛更加沉闷，人体模特对于刚入门绘画的人挑战太大，这里的人画的基本上是瓶子、水果等静物，高级点的不过是一

些人物雕塑。在这个班上的梵高想尽力保持低调，每次都是飞快地完成素描作业，然后在纸上画一些自己喜欢的东西。

除了学生的自我练习，老师讲述的全部都是基本的绘画方法，怎么试着观察、怎么设计视角、怎么处理光影关系，这些梵高已经烂熟于心，于是他也会翻看两页自己从家里带过来的书籍。老师看到梵高不注意听讲，对他频频报以白眼，不过梵高也不在意。

每堂课结束，大多是根据上课内容，出一道题让学生进行画画。这次的内容考查是刚刚教过的怎么处理光影，素描对象倒是有了进步，是一个恺撒雕塑。梵高盯着那个雕塑，眼睛里开始没有那个雕塑，而是浮想联翩，出现了很多其他绚丽的图景。他看到了骑着大马、驰骋疆场、奋勇杀敌的英雄和舌战群雄、风姿翩翩的政客。他的笔开始挥舞起来，按照自己脑海中的那个印象画出来，他仍然是第一个完成素描的。看着自己纸上雄壮威武、目光坚定的恺撒，他十分满意。可是，在老师分发下试卷后，还是习惯的全场最低分。老师走到梵高面前，给出的理由是，时间仓促，笔触粗糙，对恺撒的面部描写不够清晰。梵高看了看那个得分最高的作品，笔调很正式，和桌上的雕塑也没什么差别，看着老师对他欣赏的目光，梵高叹了口气，默默地把自己的画作收拾起来。

"在素描组待着感觉怎么样啊？"一天，刚刚下课，阿尔伯特就从隔壁的油画班来找梵高了。

"兄弟，我决定离开这儿了。"梵高一边收拾着自己的东西，一边冷静地对阿尔伯特说。

"怎么了？他们又批评你了吗？其实，他们也是为了学生好，只不过有时对于一些艺术创新的意见表达得比较犀利。"阿尔伯特听到梵高要走，忙着询问原因。

第五章　东奔西跑：他乡学艺，开创新的绘画技巧

"其实每个人有不同的艺术见解，这个很正常，我也能理解。我只是觉得提奥一直在信里和我说，我画的东西都被甩在社会潮流之后了。这儿还不是艺术潮流的中心，我在这儿追求的东西并非不对，只是在这个世界的另一端，还有一些新兴的艺术值得我们借鉴，我还有很多要学习的东西，所以我想到巴黎去，去结识下你认识的高更那样的大画家，也去感受下那儿热烈的艺术氛围。"

阿尔伯特看着眼神热烈的梵高，他再没有阻拦，因为他知道自己和梵高在本质上都是一种人，不停地追求着艺术的进步，永不停歇。

"去吧，你在这里的几个月画出的画已经有很大进步。去巴黎吧，去找你想要的东西，你的画作一定会越画越好的，希望再见到你时你已经是蜚声欧洲内外的著名大画家文森特·梵高了。"

"出名没有奢望，只求得到基本的认可了。你也是，努力改进绘画技巧，以后有机会咱们再相聚、再交流。"两个人紧紧地握了握手，这是艺术路上两个年轻人无声的互相勉励和支持。

「五」
到巴黎去

其实梵高在到了安特卫普没多久的时候就萌生了到巴黎的想法,毕竟那儿是文艺中心,有着左拉、巴尔扎克、修拉、高更等如雷贯耳的名字,有让人耳目一新的激辩和思潮,以及鳞次栉比的画廊和博物馆,那儿更有着支持自己、鼓励自己的弟弟提奥。于是,他开始在寄给提奥的信里询问这件事情的可能性。提奥一个人住在五楼的公寓,并不是很宽敞,平时的工作也十分忙碌,有时白天劳累了一天,回到家就开始休息。时间、空间、经济的诸多限制让提奥回绝了这个提议,他只是不断宽慰梵高,让他在安特卫普好好学画,照顾好自己的生活。

可是,随着梵高对安特卫普艺术学院的不满情绪日益增强,巴黎对他的吸引力也越来越大。他开始更频繁地在信中提到去巴黎和提奥一起生活的建议。刚开始是客观的建议,说更有利于自己的绘画创作和兄弟之间感情的维系,后来得到提奥的反对后开始恳求,说自己会努力作画,早日赚钱回馈弟弟,会调整自己的生活习惯,不打扰提奥的正常工作,说自己极为恳求进入提奥一直在信中提到的科尔芒画室,受到那些艺术家的指导。恳求没有得到任何回应,他在信中的口吻开始变得急躁和刻薄起来:"亲爱的弟弟,支持一个

第五章　东奔西跑：他乡学艺，开创新的绘画技巧

艺术家可是一个很难的事情，并不是口头上说说就可以了。在他成功前必须要忍受这一过程中的苦痛和艰辛，不过想想最终的回报吧，这一切都是值得的。"

相比于梵高的热烈，提奥一直比较冷静，因为他深切地知道凭着两人深刻的性格差异，一旦住在一起，争吵肯定会变成家常便饭。这在梵高在埃顿生活的那一段时间已经体现得淋漓尽致。倒不如两个人分居两地，靠书信和金钱支持来维系感情。所以，不论梵高如何表明态度，提奥从没松口。

只是，令他想不到的是，他的这个感情充沛而热烈的哥哥不顾自己的反对，潇洒地一个人从安特卫普艺术学院退了学，把自己的画布、画笔和一些衣服随意地打包了下，就踏上了去巴黎的火车。

火车上的人很多，大多都是来自各国去巴黎度假的情侣或者带着孩子的夫妇。他们带着闲适和放松，不解而好奇地注视着这个苦行僧似的男子，他拖着长衫和过长的头发，携带着沉重的包裹，眼神漂移。梵高并没有领会这些，他的思绪早就飘到了那个有着凯旋门、巴黎圣母院和埃菲尔铁塔的地方，那里是激进革命者的天堂，是特立独行者和艺术家们的圣殿，是自己和提奥紧紧依偎的地方。巴黎，我就要来了！这些想法让他的思绪安宁不下来，他在座位上坐立不安，然后抱着那份渴望和欣喜进入梦想。

下了火车，正是晚饭时间，梵高无暇顾及鳞次栉比、颜色艳丽的店铺和矮小却典雅的建筑，而是如候鸟一般径直到了那个在信件上再熟悉不过的地址，他要在第一时间见到自己的弟弟。当提奥看到从天而降、出现在自己门口的梵高时，他惊愕得张大了嘴巴："哥哥，你还是来了。"不一会儿，像是习惯了梵高的处事风格似的，他镇定地把梵高引入了屋。

"哥哥，你还是到巴黎了，真是说服不了你啊。这样也好，免得我总是担心你，一些话在信上也说不清楚。"

"啊，提奥，我就知道你会这样。爸爸、妈妈不接受我，我在他们那儿就像一只又大又脏、无理乱叫的狗，他们看我不顺眼，我也没必要继续破坏他们的心情，也贬低我自己。没有必要再回去了，提奥，没有必要再回去了。"见到提奥的喜悦冲淡了梵高心中深深的抑郁，但故作平静的语调还是流露出对家庭的不满和被孤立的哀伤。

"哥哥，别这样想，我们在信里已经讨论过这一点啦。爸妈没有抛弃你或嫌弃你，他们只是和你的一些想法有分歧，还没那么严重。现在，爸爸去世了，妈妈心里也不好受，咱们有时间多给她写信，多去看看她。"

"哈，是你应该多和她交流，她以你为豪呢，大商人。我就算了，一个流浪汉，哈哈。"梵高的笑容并不能掩饰自己的苦涩。

"哥哥，把东西放一放吧，我先带你出去买些衣服。这可是巴黎，不是纽南，一身好的衣服可是比通行证还重要。而且，你不是老是说自己吃得不好吗？放心吧，在这儿，我不会让你饿着的。"提奥不想再继续纠结这个钻入牛角尖的无解问题，提议去外面逛逛转移下话题。

"不，提奥，饭可以吃，也不用太好，我这个脆弱的胃和牙齿吃惯了廉价的食物，也受不了特别好的东西。衣服就算了，我是画画的，那些衣服是你们穿着接待人的，给我穿也会弄脏糟蹋了。"梵高跟着提奥往外面走，言语中还是藏不住地开心，跟弟弟住在一起，吃什么、穿什么又有什么关系呢？

提奥不顾梵高的反对，还是给他买了一套白衬衫、夹克和西装。虽然梵高身材矮小，皱纹满布，看上去更像是提奥的叔父一辈，而

第五章 东奔西跑：他乡学艺，开创新的绘画技巧

不是只是大 4 岁的哥哥。但重新包装的他确实提高了社会档次，他看起来冷峻沉稳，眼神忧郁，像一位做文化生意的老板。这让一开始不愿意让梵高试衣服的店员也暗暗称奇。不过，这套行头在梵高一回到家就收了起来，只在几个场合里穿过。在他看来，自己那宽松、舒适甚至染上油彩的衣服更加适合自己。

来巴黎的第一天就这样过去，那天晚上，梵高睡得无比安宁和踏实。那个关心自己的人不再只存在于笔迹整齐的信件里，而是就在自己隔壁的房间。自己也不再在那个自私冷漠、灰暗阴沉的地方，而是来到了自己在书中无数次被感染、被鼓舞的巴黎。

当提奥上班，家里只剩自己时，梵高可以自由地享受这个空间。房子不大，只有两室两厅，但装修得很有格调，淡黄色格纹的墙纸、精致华贵的沙发和床头柜已经挂起来的高级西服套装都彰显着主人的不俗经济实力和艺术品位。梵高提起提奥的背包，里面装有画廊的一些来往票据、纸笔、一些零钱甚至一张写了梵高名字还没寄出去的信。梵高都能想象出提奥每天的姿态：拎着那个公文包，穿着西装，在缭绕的雪茄烟雾里周旋于艺术家和富商之间。这一切都是那么熟悉，这样的商务正式的生活他曾经过了 6 年，终究适合提奥这样的人。

但是在这个商务的空间里，还是能看出很多梵高的痕迹：客厅、卧室的角落里摆着包装好的油画和一沓沓梵高的信件。他心里一暖，虽然自己没有生活在这儿，但也对这个地方有天然的亲切感。

从回忆中回过神来，梵高来到窗前，这儿是巴黎市中心，视野比较辽阔。1888 年夏天的这个午后，阳光像小女孩的笑容，温柔而活泼，泼洒在宽广的街道和来往的行人身上。梵高心中有一种接近尘世生活的满足感，再也不用在深不见底的煤矿和绵延不绝的麦田

里感受孤独感慢慢膨胀到把自己吞噬的地步。就这样，他有了一种把这可爱的光景画下来的冲动。于是，他掏出行李箱的框架，在画布上的白纸上描下它的线条，这是他在比利时学会的一个重要绘画技巧，这样可以更好地构建图画的比例和结构。

在巴黎的时候与其说是度假，不如说是密集地学习。在随后的几天，提奥上班打理自己的工作，而梵高也开始了自己的巴黎生活。与荷兰相比，巴黎的气候更加温暖、湿润，人也开朗很多。有时他也忘记了自己的矜持，用法语和路上的巡视官、乞丐和小贩们交流，新语言和环境让他兴奋不已。

这儿是这么新奇，他无目标地逛着，看到书店、画廊和博物馆就走进去，近距离地观赏这些平日只有提奥寄信才能获得的艺术气息。提奥说得没错，自己熟悉巴黎的文学和革命，但确实忽视了艺术的变革，统治巴黎主流艺术圈的画作确实不是那些像米勒那种颜色低沉的写实派，真是一种新兴起的印象派，他们的作品主题轻松贴近生活，表现也艳丽多姿。此外，从日本传来的浮世绘色彩艳丽，构图生动，也成为这一时期画家追捧学习的对象。

当然，他也没有忘记自己的使命，逛完回家后，他就开始释放刚刚充上的电力。一天，邮递员把以前的画作包寄了过来。他迫不及待地把这些画作一一拿出来铺在床上、客厅里和地上，并以自己刚刚在巴黎打磨的眼光审视这些画作，这个太暗了，这个手法太拘谨了，这个太悲伤了。他难过地摇头，然后把从脑子里匆匆闪过的某个画面定格，试图用新的手法把它描绘出来。可是对于只是简单了解新技法的梵高而言，他的自我尝试并没有实质性的改变，他抓着葡萄酒瓶在房间里走来走去，把头发也抓得乱糟糟的，心里满是疑惑和不耐烦。

第五章　东奔西跑：他乡学艺，开创新的绘画技巧

等到提奥转动钥匙进了家门，这种情绪就有了倾泻口。"提奥，你怎么才回来啊？我有好多问题，自己也弄不出什么答案。"

提着公文包的提奥走进来，先习惯性地把自己笔挺的西装脱掉，挂在衣架上，这时他才注意到自己两室两厅的公寓已经堆满了大大小小的画框、画笔，而干净的地板也到处都是油彩印子。空气里弥漫着一股葡萄酒的味道，而动一动角落的水壶，连一滴水都没有。工作了一天、累得筋疲力尽的他顿时生出了一种无名火，梵高的埋怨更是激化了他的这种情绪。

"哥哥，你看看你旁边，被你搞得乱七八糟，你不能收拾下吗？"

"没事的，房子就是用来给人住的，没什么好心疼的。提奥，你快过来，我有了新的发现，也需要你的提议。"

梵高的无所谓更是刺激了提奥，他尽量保持着冷静。"拜托，哥哥，我在外面陪客户、应酬、管理人员和画作已经很累了，我只要求你等我回到家让我有个舒适的环境，可以吗？"

"我在家也没闲着，我一直在想着怎么改变自己的画风，没有白吃白住。这些都是我的画啊。我又没有放一些乱七八糟的东西。"也许是很少见到提奥生气，梵高的语调低了下来，但生性偏执的他还是在为自己的生活习惯辩护。

"是画又怎么样？会占地方，耽误人坐下来休息，耽误人的休息和工作啊。天啊，你真是缺乏生活常识。"看到空了的酒瓶，提奥更加激动，"你又没好好吃饭吧？我告诉过你，酒不能代替正常的吃饭，这样你的身体会受不了的。"

梵高不甘示弱："谁说的？我自己的身体我自己知道。那些应酬上的精致食物我可吃不来，我就像清教徒一样，节食禁欲，这样才能保持冷静思考的心。"

"是，是。我们都是脑满肠肥的资本家，只有你是高尚清高的艺术者。天啊，梵高，你为什么是这个样子？我这样拼命地工作，到底是为了谁？"提奥有点抓狂。

"提奥，你怎么了？是我的话伤害到你了吗？我向你道歉，我，只是今天我的画到了，再加上来了一些灵感，我就开始画画了，没注意你的房子。而且，我没吃饭只是想节省一点，毕竟我还没收入，能省一点就省一点。"这时梵高脸上通红的激动已然褪去，提奥刚刚的话击中了他心底的脆弱，于是，他一个激灵，从刚刚的暴躁和刻薄转成体贴和温顺。

"不用，我还是能支持得起你，你不用这样苦着自己，我累了，先去睡了。"提奥像一个被抽取脊梁骨的人，身子微弓进了自己的卧室，却是熟悉、彼此关心的人越知道哪一点最能伤害到对方，而这样的争吵简直让人元气大伤。

这样的争执并没有停止，相反却在升级。提奥细心干净，喜欢体面而精致的生活，追求生活品质和生活享受，而梵高一沉浸在自己的艺术世界就忘记了一切，把周围的环境弄得混乱不堪也不在意。生活上的小矛盾成了导火索，两个人的争吵范围也从艺术观念、经济纠葛、家庭观念一直扩大到小时候两个人不同的待遇上，争吵时间也越来越长，两个人都把自己生活中的不如意以这种疯狂的、歇斯底里的方式发泄出来。

由于连天的争吵，每天去上班时，提奥的精神很差，开始犯一些小错误，情绪也变得很烦躁，那种肃杀和阴郁的气息也从梵高身上移植过来，有好几次把快要到手的生意搅黄了。

而他和梵高的关系也急转直下，两个人都气鼓鼓地僵持着。

提奥意识到，这样下去不是办法，对梵高的创作和自己的工作

第五章 东奔西跑：他乡学艺，开创新的绘画技巧

都没什么益处。于是，他想到了一个办法，那就是送梵高去学画画，让他的生活充实起来，也避免了他一天到晚待在家里施加危害的可能性。于是，他向梵高提议把他送去科尔芒画室去学习。而一听到学画画的梵高就来了兴趣，二话没说就同意了，两个人的激烈交火才算告一段落。

「六」
科尔芒画室里的信息爆炸

科尔芒画室坐落于巴黎一个不起眼的街道上,但是进入这个房间的人后来都在艺术史上留下赫赫的大名:高更、凡尔纳、梵高。当提奥引着梵高进入这个画室里,他受到了热烈的欢迎。对于这些先锋艺术家来说,提奥支持创新,思想开明,为人热情大方,是他们的好朋友。

"大家停下,提奥又来看望我们了。"一声兴奋的叫喊,把正在忙的画家们引了过来。

"大家好,今天我带了我的亲哥哥过来,他就是我说的那个画家。因为一直听我提到你们,所以也想来这儿向你们学习学习。"

"哦?是啊,提奥经常在我们面前提起你,文森特是吧?欢迎来到科尔芒画室。"

"你这身装扮可够个性啊,不过我喜欢,是艺术家的打扮。对了,你以前的老师是谁?"

"是毛威,他也是我的表兄。"

"哦,是呀,他可是继伦勃朗之后荷兰的另一位大师呢。听提奥说你以前也在古比尔画廊做过事。这样说,你们家族的艺术积淀好浓厚啊,生活在这样的家庭肯定很幸福。"

梵高不置可否地耸了耸肩:"来看看我的画吧。"这明显是在转移

第五章 东奔西跑：他乡学艺，开创新的绘画技巧

话题，然后展开了他随身带的《吃土豆的人》的复制版。

旁边的画家一起围了上来："啊，这真是你画的吗？不好意思，但是我想问一下你在画画中有没有受到米勒的影响？"凡尔纳目不转睛地看着这幅油画，抛出一个问题。

"好眼力，我确实很喜欢米勒，也经常临摹他的作品，因为我觉得他是个脚踏实地而且体贴底层人民悲惨生活的画家。"遇到了知己，梵高的语调格外兴奋。

"是啊，他的《拾穗者》确实很受欢迎。"

"那都是过去一个时代的事情了，现在哪还有人去学习他的画？颜色灰暗，一味追求真实，在现在的艺术圈都是过时了的。"旁边传来一句不以为然的话。

梵高扭过头，看到一个身材壮硕、毛发浓密、穿着西装抽着烟斗的男人。

"是啊，提奥也告诉我现在的艺术潮流不再是米勒式的现实主义了，所以我来到这儿啦，希望你们带我开开眼界。"

"那你可来对地方了，我们这儿可是引领了全巴黎最先进的绘画潮流呢。"此人自信满满。

"梵高，来看看这幅《日出》，这可是艺术新星莫奈的成名作，也是我们学习的楷模。"凡尔纳热情地引梵高到一幅画前。

"这是什么啊？这幅画不是叫日出吗？为什么不去描绘太阳的形态，反而画出这么一团乱七八糟的颜色？"梵高皱了皱眉。

"你这个乡巴佬，你以为把画画成像你笔下那样，像照相机一样，画出一模一样的姿态就是好的了吗？你仔细来看看，不附图，绝对和过去的不一样。"

画上的景色与其说是他嘴中的日出，倒不如说是一团迷蒙的酡

红色，这与传统的相机似的写实派截然不同。但是仔细观察，又能看出酡红、浅红、白色、灰色等颜色的变幻。盯着它看一会儿，就会神奇地发现这些颜色仿佛活了起来，那一团颜色不断在眼前放大、旋转、晕染，在人们眼前编织出一幅太阳被云层笼罩、努力冲破黑云束缚、一跃而出为天地带来光明的动态图景。可以说，正是内容的朦胧性和用色的过渡性产生了这种神奇的观赏效果。梵高愣愣地看着，仿佛沉浸在黎明日出的那种清新、活力的氛围中。"天啊，这一切是怎么做到的啊？"梵高沉思了半天，只跳出这样一句赞叹和惊奇。

"再来看看修拉的这幅画。你感觉怎么样？"科尔芒老师热情地把梵高引到另外一幅画前。

"这又是怎么做到的？感觉和刚刚看到的《日出》又不一样。"

"是啊，他是一个画家，叫修拉。但是我们私下里又称他为数学家和科学家。你没发现这幅画最特别的地方在哪里吗？是颜色。他这人倒是有一套，他从来不用调色板，你看到的颜色都是他用图形和点点在画布上自己调出来的。在上次的画展上，他真是出尽了风头。不过我还挺佩服他的，确实有两把刷子。"

几个人像导游一般为梵高介绍画室里陈列的"引领巴黎绘画潮流"的画作。梵高像第一次进入城市的乡下人，见识到五光十色的艺术世界：莫奈、塞尚、修拉、印象派、点染、光影……这些他以前从来没听说过的名词从这些人的嘴里蹦出来，让他陌生和困惑，但更重要的是，给他一种以前从未有过的急切地吸收新知识的迫切感。

"科尔芒老师，我最近在巴黎看到了太多以前没有看到的画作，需要消化一下。你介意我在这儿当你的学生吗？我想和你们在一起，画出那些让人惊讶的画。"于是，梵高又开始了自己的学徒生活。可是他这次的学徒生活同样只维持了三四个月。

第五章 东奔西跑：他乡学艺，开创新的绘画技巧

「七」
两个叛逆者

在提奥看来，成为一名著名的画家远远没有他哥哥的身体健康来得重要。为了培养梵高正常的作息规律，提奥每天上班之前都要把他叫醒，逼着他吃下自己准备的早餐，然后带着他的画笔和油彩把他送到科尔芒画室。梵高就这样离开自己的小世界，每天准时来到科尔芒画室学习画画。

虽然被一群印象派的画家包围，虽然小有名气，但科尔芒训练画画的方法还是十分传统和严谨的，他要学生从最基本的素描、油彩等画起。他经常要求学生在规定的时间内，画出几个角度不同的素描，而他穿梭在各个学生的画架之间，边叼着烟斗并进行评论，一旦发现自由创作的成分，就立即打断，呵斥他在基本功打牢之前，不要想着表达自己的内心想法。

刚开始梵高对于这种训练还感到新奇，他会很迅速地完成几页素描，交给老师批阅，然后把手放到背后站在凡尔纳面前。凡尔纳对这样的注视倒也很受用，并没有排斥的意思。

渐渐地梵高就感觉到了乏味，凡尔纳所教授的这些技巧和训练早在他一个人待在博纳日尔、在安特卫普时就进行了很多次。科尔芒也不允许他们有超出课程以外的自由创作，这让梵高有种急躁的

感觉。

一天在吃中饭的时候,天气十分炎热,空气仿佛都黏在一起。梵高无精打采,不再像平时那样活力四射地评点别人的画作,而是像一块橡皮糖黏在了桌子上。

"老兄,你怎么了?你就像一只战败了的公鸡,你平时可不是这样的。"凡尔纳凑上前来好笑地问道。

"没有什么。我只是觉得别人画得那么好,而自己做的这些事情有一种浪费生命的感觉。所以,我不想在这里待着了。"

"别这样想,重复地干一件事情的时候,总会感觉到无趣。听说你在下午的时候会去一些博物馆和画廊看画。要不我和你一起,我们还能交流交流。"凡尔纳体贴地提议,想排解下梵高的苦闷。

和18岁的凡尔纳待在一起,梵高并没有察觉自己和他之间存在着代沟。凡尔纳和安特卫普的阿尔伯特一样,家境十分优渥,有着自己的洋房和画室,不像梵高依靠着弟弟的救援,但是两个人同样对画画、读书和创新具有极高的热情,也并不在意他人投来的诧异和不解的眼光。于是两个人像小时候逃课的小学生,会心一笑一齐跑出沉闷的画室,来到了巴黎博物馆。

后来因为生源问题,画室关闭了一段时间,梵高又恢复了待在家里百无聊赖的日子。他接受了凡尔纳的邀请,去他在安吉尔的家里写生。他的爸妈做葡萄酒生意,专门把酒供给王公贵族等上流阶层,所以他们的住处也像上流社会一样选在一片幽僻的郊外。他们的别墅有凡尔赛宫那种华贵,却以低调的设计为蓝本,周围也有很多高大的梧桐树,后面的小花园里,薰衣草在夏日会氤氲成一大片紫色的,把整个地区笼罩在一片梦幻之下。

这儿的空气清新,又远离了巴黎来往的行人和侧目的眼神,让

第五章　东奔西跑：他乡学艺，开创新的绘画技巧

梵高十分兴奋。他们像小孩子一般一起吃午餐，在花园里对同一个主题竞赛比赛作画，互相评论对方的画作，一起躺在花园里享受夏日的宁静。两个人的生活，惬意而充满趣味。

一天梵高和往常一样来到了凡尔纳的乡间别墅，但是，给他开门的仆人却向他投去了嫌弃的目光。"我们老爷说了，不让你再过来，所以还是请你回去吧！"梵高十分诧异，瞬间激动了起来："你让我见见凡尔纳，我有话对他说。"

"年轻人你还是回去吧！凡尔纳以后不会再去画室了。你没有必要再来找他玩，以后他是要接替我的位置，经营几家葡萄酒窖，进入上层社会，他才不会成为一个画家，一辈子只靠天上掉下来的灵感生活。"一个衣冠端正、大腹便便的中年人从屋里走出来，斜着眼对梵高说。

"你怎么讲话这么伤人？商人用钱来证明自己的价值，画家用画笔来表达自己内心的情感存在，我不觉得两者有什么区别。"

"别自欺欺人了，当你一毛钱都没有，自己想要的东西都没钱买时，你就看出区别了。"凡尔纳的父亲哼笑了一声，冷漠地说。

彼时的梵高开始接受提奥每月150法郎的资助，仿佛又被这句话触动了敏感的神经。他挥舞着手臂，脸色绯红："有钱又怎么样呢？你有没有问过凡尔纳自己的意愿？有钱就可以左右别人的人生了吗？这不是父亲而是暴君。"

凡尔纳的父亲生意做得很成功，平时遇到的都是别人的谄媚和巴结，遭到了梵高的反驳和指责，反而有点茫然，难以适应。他动了动嘴，什么也没说出来。

梵高站在门口，继续加大攻击："在上帝面前人人都是平等的。你可能有些钱，但你未必有你儿子的心灵丰富。我不靠别人获得财

富,也不比你差到哪儿去。所以,你也不必有那么多的优越感。"

凡尔纳的父亲气急败坏,"砰"的一声把门关上来掩饰自己的窘迫,而梵高在外面骂骂咧咧了一阵子,怀着见不到自己朋友的惋惜回到了巴黎。

在巴黎又开始了自己像小鸟觅食一样吸收艺术营养的日子。只是有一天他正在巴黎博物馆观赏一幅伦勃朗的画,身后传来了一阵熟悉的声音:"看着这幅荷兰画家的画,难道是想家了吗?"梵高回头一看,果真是熟悉但又久未相见的凡尔纳,他激动不已地抱住自己的好兄弟,往他的肩头狠狠地捶了几下。

"你怎么出来啦?兄弟。我上次去找你,被你的爸爸拒之门外了呢。"

"那个老顽固,别提了,我被那个老家伙锁在家里待了将近一个月,学的尽是一些怎么算账、怎么存钱、怎么与别人打交道赚钱的勾当。我快闷死了,所以趁着一个采购的空档跑了出来。我到你弟弟家里,找不到你。我想你肯定在这儿,没想到我的灵感还真准。"

久逢故友的梵高十分兴奋,叽叽喳喳聊了一会儿,也不适合再待在博物馆。于是,凡尔纳神秘地对梵高说:"走,我带你去一个地方,那儿保准比这儿好!"

第五章　东奔西跑：他乡学艺，开创新的绘画技巧

「八」
迷人的唐伊老爹

经过了几分钟的车程，他们就到达了目的地，就是在另外一条排列着小房屋小店铺的街上。凡尔纳径直走进了一家店铺，显然是里面的常客。走进去后，梵高立马就"呀"了一下，原来这个看似不起眼的小屋里却摆着各个尺寸、各种材质的油彩画布和画笔，墙壁上还摆放着很多时下非常流行的画作。这些都是梵高一直喜欢，却又没有足够的钱来买的东西。

凡尔纳拉了拉梵高兴奋地要往里走，梵高下意识地摸了摸自己的钱袋，连连拒绝："这是要钱的，虽然我很喜欢，但是我暂时不需要买这些东西。"

"哎呀，这只是一部分画画的用品，走，我们去二楼看那个神奇的东西。"

不知道凡尔纳打什么主意，梵高跟着他去了二楼。爬上窄窄的楼梯，梵高就闻到了刺鼻的烟味，不自觉地咳了一下，在缭绕的烟雾里他看到了几个自己在画室的同学以及其他几个打扮十分个性、看起来也像画家的人。这个二楼的墙面和地板上，摆满了各个时期名画代表作的仿制品，俨然一个小型的艺术博物馆。

"欢迎来到我的画店。我是这儿的老板唐伊，你一定是新客人

吧！"唐伊十分热情，接待了两人。那一天，梵高在那儿尽情地欣赏着画作，和在场的人交流着创作的心得，愉快地度过了一个下午。

在画店没什么人的时候，梵高经常跟在老爹身边和他聊天，了解他的生活轨迹。在他来看，他是一个有传奇色彩的富矿，随时能够挖掘宝藏。比如说老爹年轻时爱好画画，曾经也是一个画艺不错的文艺青年。后来因为看不惯社会的不公平，加入革命，成了激进党的一员。革命失败后，他也在监狱干了两年生意。出狱之后，他用监狱里赚来的钱，就开了这家画店。和自己的弟弟提奥一样，知道自己热爱艺术却没有这方面的才能，于是转而选择做一名艺术商人。

他不单单在画店里经营贩卖画画用品，性格热情奔放的他，经常邀请一些巴黎上流艺术家和先锋作家来到这里小坐聚会。他收藏了很多艺术珍品，也同意这些先锋作家的画在这里做展出。谁也没有想到这个不起眼的画店竟成了一个著名的先锋艺术中心。梵高的生活经历相对单纯，又十分羡慕为人民的福利拼搏的革命者和社交丰富的人，所以他对老爹也十分崇拜，一来到画店就跟在老爹的身后询问那些光辉岁月。

老爹对这个年轻人也非常中意。因为不论是他的长相、打扮还是思想性格都像极了当年叛逆的自己。而当他看到了梵高的画作后，也认为他会成为像塞尚一样优秀的艺术家。于是，老爹愿意向梵高诉说自己不算精彩的人生。为了完成这个年轻人的梦，他也愿意献出自己的一分力量。

每次看到梵高无限渴望地看着自己成墙摆放的颜色各异的颜料，老爹都主动提出要送他一些，可是自尊心很强的梵高怎么也不愿意接受。无奈之下老爹提出让梵高拿出自己的画作，然后把它放在橱

第五章 东奔西跑：他乡学艺，开创新的绘画技巧

窗里寄卖，售出的价格用于抵债。梵高对这个提议欣喜不已。可以拿到自己喜爱的颜料又可以开始画画，又有人主动免费给自己当模特，何乐而不为啊！激动的梵高一口气画了三幅，挂在老爹的橱窗里，好像最新式样的彩色的广告画。这其中包括一幅老爹的画像。老爹精神矍铄，神情安详，背后挂满了艳丽的画，好像他那精彩的一生。因为那时的梵高看了很多日本的浮世绘版画，所以在老爹的身后画了很多幅来自日本的艺术品，仿佛也在褒奖老爹对于新兴艺术的包容和热情。

「九」
遇见高更

由于梵高名气不高，他的画作定价也比较低廉，大概为20法郎，而在这画店里，塞尚、莫奈的一幅画已经分别卖到了150法郎和2000法郎。在绘画界属于新手的梵高不在乎自己画作的定价很低，在他看来，有人愿意摆放自己的画作，自己已经很开心了。可是在他内心深处，总有一个隐秘的想法：他想和塞尚、高更来一次正经的艺术交流。每一次在缭绕的烟雾里看到他们，这个念头总会从心里跑出来，挠得他心里很痒。20法郎和2000法郎之间有多么大的差距，一个是艺术新星，一个是默默无闻的新手，如果自己的画作能得到他们的指点，那将是莫大的荣幸。

心思细腻的老爹似乎看出了梵高心底的愿望。有一天，在梵高为自己收拾橱窗和画画时，他冷不丁地抛出这样一句话："明天早上我要举办一次画展，高更也要来，你负责帮我招待。"梵高理解老爹的良苦用心，即使是没有工资，他也开心地答应了。

画展第二天如期开展，很多常来的画家也送上了他们的新作。塞尚新创作的一幅画大放光彩，周围挤满了啧啧称赞的人。这是塞尚应一位贵妇的邀请，为她画的画像。画面上的妇人穿着薄荷绿色时兴的高腰伞裙，裙子在风的吹拂下微微撑起，和谐地融进桥下丰

第五章 东奔西跑：他乡学艺，开创新的绘画技巧

满肥硕的莲叶。画里的阳光并不强烈，但夫人还是戴着同色系的帽子，仿佛要时刻保持自己优雅高贵的造型。贵妇神情慵懒，百无聊赖地看着桥下的荷叶，让人不禁推测她是在思念自己的情郎还是在想着下午茶要去哪个地方吃。总之，整个画面色彩清雅，外形也不是像传统的人笑得那么严谨，却处处反映出一种富贵闲适的气息。

在画展上来往的人大部分是各个画廊的负责人和一些邀请过来拿画的人物，画里的这种生活给了他们天然的亲切感。不一会儿，几个大腹便便的中年商人就开始和工作人员谈起了价钱，仿佛是要回去献给自己的妻子或情人，而工作人员不得不通过拍卖决定买家。

在这个屋里更为热闹的地方是在修拉的一幅画作周围，画作的内容其实并没有太过创新，讲的是一群人在巴黎附近著名的避暑胜地大碗岛游玩的场景，但是新颖的外形却在参加画展的人中炸了锅。这幅画与传统的印象派相比，颜色和形状较为清晰，但是又比我们真实的视角模糊，展现出一种彩色毛玻璃的视角。颜色对比处理得也非常巧妙，几位看起来年龄较大的中年男女撑着伞站在灰黑色草地旁，明显就能想象出地面上面蓬勃的树冠的倒影。而这片草地往外延伸在阳光下就蜕变成了活泼的浅绿色，那儿有穿着靓丽、四处乱跑的年轻人和儿童。琥珀色的湖水供孩子们玩水嬉戏，而涟漪荡漾的远处因为树木的庇护，而变成了一片深蓝色。

高更展出的画也迎来了诸多人的围观，他选择的是一位少女，笔触冷峻，甚至有点诡异。一群中年男人站在画前议论纷纷，有的认为他的画过于疯狂和大胆，而有的却欣赏这种不同于莫奈派别的新画风。梵高和凡尔纳站在自己的画前，虽然没有太多人围观，但也回答着零零星星的各种问题，忙个不停。

「十」
初见高更

"高更来不来?""听说他刚从大西洋那边的岛国回来,从那儿带回来的画和他以前的风格一点都不一样。"混迹在来往的行人之间,梵高观察着他们提到高更时的挤眉弄眼和语重心长,他的好奇心自动地把他们的信息碎片拼凑起来,很快就描绘出了这位高更先生的生活轨迹。这是一个典型的抛弃世俗生活、拥抱精神世界的故事:他出身富贵,从事的工作也是证券交易员这样的高薪职业,但很快厌倦了锱铢必较的生活,辞职当起了全职画家。在入不敷出的画画生涯,他又勇敢地背离自己的老师,自己独自漂泊到太平洋的小岛上去过与世无争、灵感迸发的生活。创新、自由、无畏,梵高在心里这样评价这位同行,也很渴望与他的会面。

终于,在众人的翘首期待下,高更穿着一身休闲服施然地来了。"我知道你就是高更,我看过你入选沙龙的画,那幅画真是棒极了,在这幅画里您的色彩真是很棒。你怎么想到把墙壁画成紫色,再配上蓝白相间的窗帘,把女人的裸体衬托得那么好?这种明暗相间的色调真是太合我的口味。相比之下,我的画作简直是黑蒙蒙的一片,没什么冲击力。"

"我在毕沙罗那儿学习时,他可是十分强调色彩和对比这些东西。"

第五章　东奔西跑：他乡学艺，开创新的绘画技巧

"我知道他，来到巴黎学画画，怎么可能不知道他？他的画作功底确实一流，不然也不会每年都入选绘画沙龙。有机会一定要去拜访他一下。不过说实话，老兄，你的那幅画还是有改进之处，比如色彩还不够亮，构图和轮廓也太写实……"

"我知道，那幅画已经是几年前的我了，那时的我还没有找到自己的风格，画那个女人是现实的笔法，画背景又是理想主义。那时的自己真是幼稚。画出来的东西简直是个四不像。而且，整体的颜色和线条看起来还是一潭死水似的，没有激情。有空来看看我现在的画吧，我已经找到我的风格了。"

"哦，是什么风格？听说你刚刚从塔提希岛回来，那儿的生活怎么样？"

"怎么样？"高更轻蔑地吸了一下鼻子，"比这里好上一千倍一万倍，如果打个比方，巴黎是被阉割的男人，而那里就是赤身裸体在草原上奔跑的阳刚壮汉。像你这种人是不会懂我说的意思的。"

"是啊，我去过的地方只有荷兰还有比利时。"

"那些地方算什么？这些地方气候冷，颜色很淡。还有扭头看看，路上到处是马车、房子和烟囱，哪里还能让我们感觉到自然的气息？在那里就不一样，那儿有属于热带特有的泥土和大海的颜色。那里的人民生活得也十分简单，但是他们自足自乐，生活的精神劲头比我们高多了。"

"是吗？听你这样说，感觉这个地方真是棒极了。"

"对啊，这个地方简直是天堂。我在那儿画了几十幅油画，有机会的话可以让你看一下。而且在那儿我已经知道了我的风格，如果再让我重新画一遍这个，谁还会再管这些线条和轮廓？用一块黑红色填满皮肤表示生命力的旺盛，用褐色打在身上表示营养不良，脸

上的皱纹我才不要去管它。我又不是照相机,全部都如实刻画事物的现象。我是要表达出我心里的感受就好。"

在高更兴致勃勃地讲述自己的艺术蜕变历程时,梵高的眼睛一直盯着他上下翻飞的嘴唇和光彩熠熠的眼睛。色彩、活力、生命力,这些都是他以前从来没有直接触碰过的东西,但是他描绘的那种创作的成就感,又让他向往不已。

"巴黎是商业的国度,却是文化的沙漠。你要是想画好画,还得离开巴黎去一个能激发自己灵感的地方。对了,你的弟弟提奥不是很著名的画作经销商吗?有了他的帮忙,你还怕你画出的画卖不出去吗?"高更轻轻挑了挑眉毛,对梵高说。

"提奥不会毫无原则地帮我推荐画作,他让我来这儿也是让我来提高绘画技巧的。不过,你说的这些我现在也有在考虑,巴黎适合我弟弟这样善于与权贵打交道的人,却不是我们艺术家画画的好地方。我们确实应该让自己的心接近自然,找到自己灵魂中最受触动的东西,在这儿,心里都被那些金银铜臭塞满了。"

说到这儿,梵高激动了起来,他一把拉住高更的手说:"高更先生,不如你就和我一起离开巴黎,找一个像塔提希岛那样的地方,一起开始我们的创作如何?"

"啊,又不是两个小女孩,为什么要手牵手在一起?一个人创造难道不好吗?而且,我们两个喜欢的地方未必一样啊!比如说,我可是当过水手去过原始森林,可能更喜欢那些狂野的东西,而这样的生活一般人可受不了。"高更被梵高突然迸发的提议吓了一跳。

"没事的,我愿意尝试。为了艺术我一切都愿意,因为这是我的生命。"

"先把画卖出去再来谈自己的艺术追求吧。其实你完全可以先用

第五章 东奔西跑：他乡学艺，开创新的绘画技巧

你弟弟，先拿出自己的画作把这个名气打出来，然后，能找一个自己的艺术殿堂拓展自己的绘画风格。"高更是一个绝对的现实主义者。

"虽然我现在没有卖出一些画，但是这不是我现在考虑最多的，因为一旦给画水平提高了，销量自然就上去了。怎么样？要不考虑下我提出一起创作的建议？"

"不用了，我自己已经找到适合自己的路了，没有必要再和其他人一起摸索，我现在只需要遵循自己的想法就可以。不过我现在倒是很着急卖画的事情。如果你弟弟需要举办什么画展，有什么资源的话，这个是可以考虑的。"说完，高更吹着他的口哨潇洒地走开，把满脸希望的梵高甩在了脑后。

过了一会儿，和其他的人已经谈成一些合作的提奥来到了缩在一边、喃喃自语的梵高面前。"怎么样，我的哥哥？和高更的交流一定很有收获吧？"梵高像被惊吓到猛地回过了神，喃喃地说："有收获，真是太有收获了。"

「十一」
小试牛刀的点彩画

修拉和西涅克关于点彩画法的理论让一直为自己画作中暗沉色调的梵高激动不已,他隐隐地感觉到这两个人创造的色彩革命会帮助他在自己的绘画道路上产生质的进步。

从画展回来的路上,梵高一直回想着修拉展出的画,不断在脑中温习并吸收着刚刚修拉展示的步骤:彩色铅笔画点—铺设彩色点块—选择相近点块染色晕染,来混合这些视觉效果。这一新鲜信息让梵高振奋不已,他迫不及待地想回家在自己的画布上实验一番。他兴奋地跑起来,却差点撞到飞驰而过的一辆马车。冲着他骂疯了的马车夫,他张开双臂喊着"上帝保佑,保佑可爱的巴黎",反而让马车夫诧异不已,呆呆地看着这个疯子跑过。

回到家,提奥还没回来,他很庆幸没人打扰自己的艺术尝试。为了尽快感受点彩法的艺术魅力,他并没重新作画,只是选取了在提奥公寓窗前画的那幅远景。

既然画的轮廓已然完成,梵高只需要按点彩法的步骤完成上色。首先是天空,既然要表现阴天中的巴黎天空,梵高把天空区域的主要部分按上了白色的点触,尽量保持自己笔触大小和间隔的一致,再在它的周围铺设灰白和米黄色的色调。不一会儿,一块像彩色玻

第五章 东奔西跑：他乡学艺，开创新的绘画技巧

璃一样的天空展现在了梵高面前。

梵高把画晾了一会儿，对自己还算不错地还原了点彩法的精髓感到很满意。然后他一鼓作气用同样的方法把窗外的几栋建筑的窗户墙体涂成了黄色，把屋顶涂成了蓝色和绿色。画好之后，整幅画看起来像一片片彩色雪花组合而成。梵高左看右看觉得有点过于淡雅，想起自己以前喜欢使用的粗笔触，他就拿起画笔噌噌在一栋建筑的窗户位置用红色油彩笔画出了几道竖杠，给整幅的柔美增加了几分英气。画完之后，他喃喃自语道："我原来也能画出这样的点彩画啊！"

于是，梵高把这幅画放在客厅的最显眼的位置，然后他把腿跷在沙发上，更有时间来欣赏这幅画，也静静地等待提奥回来发表出他的意见。

"吱呀"一声，工作了一天的提奥回来了。果不其然，他第一眼就发现了客厅桌子上这幅笔迹尚新、以前没见过的油画。"这幅画是店员刚刚送来的新画吗？""是啊，大概是某个画家送来给你鉴赏的吧。上面也没写名字，你觉得这幅怎么样？"梵高的脸上带有一丝不易发现的狡黠和期待，就像小孩子恶作剧了但又在意别人的真实看法一样。

"嗯，这不是使用的比较流行的点彩法吗？"每天要评价太多画，提奥的语调满是淡定。

"对啊对啊，就是点彩法。你对市场把握得比较好，你觉得这幅画怎么样呢？"

"平庸之作吧，我每天都能收到上百上千幅这样的画作，一般是卖不出去的，我不知道这幅怎么送到家里来了。"

"平庸？为什么？你根本没仔细研究它呢。"梵高听到这样的评

价,不顾自己正在演戏,发出了自己的不满。

"这根本不需要仔细看啊,只需要看几眼就可以知道整体水平了啊。首先,这幅画的构图比较传统,就是画出从近到远的建筑和天空,比例不算太好但也算及格。色彩更不说了,一看就是完全模仿修拉的点彩,没有自己的创意,也凸显不出这些建筑群的特别。总体来看,这充其量算是个还挺写实的风景明信片。要我说,也就窗户上的那几笔红色还算创新,让这幅画有了点生机和活力。"

"好吧,提奥,你的评价真让人泄气。"

"哥哥,你为什么那么在意我对这幅陌生画作的评价,难道你认识这位作家吗?如果是你的朋友,你且代我转告,他很有潜力,进步的空间很大。"看着梵高异常失望的表情,提奥有点手足无措,他小心翼翼地修正着自己刚刚说过的话。

"平庸,原来只是平庸……"梵高仿佛没有听到弟弟的话,只是弓着身子颓唐地自言自语着。

"哥哥,你没事吧。"提奥只是觉得古怪,突然,他像想起了什么,"啊,我说刚刚看这幅画的时候为什么感到很熟悉,这些建筑、这个角度是每天我一起床就会看到的,那么按照作画人的角度,他一定是站在……我的房间里。"提奥也仿佛被传染了一样,开始喃喃自语起来,"这么说,这幅画是你画的喽,哥哥!"想到这儿,提奥惊喜地叫了起来。

"是啊,不过这也没什么好开心的,毕竟你都说了,这只是个平庸之作,充其量是个二流的风景明信片。"梵高的声音到现在还是有气无力。

"不不不,对他们来说是这样,但是对你来说,事情就不同了。看看你来巴黎之前的画吧,暗淡低沉,看完之后人的心情都很沉重。

第五章 东奔西跑：他乡学艺，开创新的绘画技巧

而才来了这么短的时间，你就学会把点彩法利用到自己的画作中，整个画板都亮了起来。这难道不是令人兴奋吗？"

"是吗，这么说我的进步也很大了？"梵高对提奥态度的转变有点摸不着头脑。

"当然当然，对一个事物现在状态的评价必须建立在与过去状态的对比之上。从这个角度上看，哥哥，你确实进步非凡！"

"那么，一定还有改进的地方吧？你就照直说吧。"

"是，现在我觉得你基本克服了画板上颜色太暗淡的问题。但是你需要关注下你自己的风格问题，因为如果不介绍的话我根本不会把这幅画和你联系到一起，而只是把它认为是众多模仿修拉的狂热粉丝的一员。我觉得你需要尽快想一想在构图和色彩上自己有没有什么特有的优势，然后把它发展成自我的一种风格。"提奥握住梵高的手，开心地说。

看着梵高依旧有点困惑的脸，提奥转身从厨房取出威士忌和两个高脚杯。"不管怎么样，你吸收新知识把自己的画板变亮了，这是一个大进步，也不枉费你来巴黎走一遭。咱们一定要为这个喝一杯。"

仿佛被提奥的热情情绪感染，梵高也举起了酒杯。一杯威士忌下肚，刚刚的郁闷一扫而光，他的心里一直盘旋着提奥刚刚说的一句话："梵高，找出自己的风格！"

不论这幅画成没成功，梵高算是顺利使用了点彩法。他对这个新技法很着迷，又一发不可收拾作了几幅画。可是，让梵高苦恼的是，这些画怎么画都像修拉画作拙劣的复制品，而且，一步步精细的调色也让生性散漫的他烦闷不已。他隐隐地感受到，这条路可能不适合自己。

「十二」
离开巴黎

在巴黎见识到那么多的画家之后,梵高像一只有灵性的小鹿,虽然还无法独立开辟属于自己的一条路,但已经逐渐地发现了自己想要的那条道路。自己不适合传统画作中那种古板机械的画法,但也没法科学严格地计算画作的主观比例。他喜欢日本版画浮世绘里的那种简洁的构图和明亮的色彩,也喜欢印象派画作里的朦胧的意境。

他收藏了很多这样的画作,平时也喜欢摸索欣赏。为了表达自己狂热的喜爱之情,他开始一幅幅地临摹。梵高特别喜欢日本画家笔下的梅花,因为打破了视角的限制,并不是设在了传统画作中的花园中心,而是设在周边的一枝梅花上。人们得以从疏朗梅枝的缝隙观察到这早春的满园春色。

他不知道,这些他心心念念的东西在他的心底发芽,终有一天成熟长大,使他画出了比那些画作更伟大、更流传千古的作品。

新鲜的空气和热闹的城市生活让梵高流连忘返,多样的艺术观点和思潮也让他收获颇丰,但待得久了,他的心底还是有隐隐的不踏实。他实现了来巴黎之前心心念念的理想:每天不再是自己窝在小屋子里单打独斗地画画,或对着几本书闭门造车地思考,或每天担心今天有没有东西吃或者有没有钱请模特。每天,他会接触衣着

第五章　东奔西跑：他乡学艺，开创新的绘画技巧

华丽的艺术家、画廊的负责人和权高位重的银行家，他每天也会参加晚会宴请、艺术沙龙等活动。这些人给他带来新鲜的思想和思潮，但是却没有让他提起笔绘画的冲动。他在这儿不愁看到模特，因为有很多打扮入时、容貌俏丽的巴黎女孩会排队给你当模特，只要你给她们一点钱作为报酬，可是看着她们搔首弄姿的脸和身体，他只会点起一支烟，盖上自己的画布。巴黎街上有鳞次栉比的店铺，都是一连串的巴洛克装修风格，精美得让梵高不敢注目，更别提对着它描摹。

这个城市像一个水晶球，过于精细华丽，梵高总是像怕打坏了一样小心翼翼地生活，而不敢把它们随意揉捏在自己的画里。在无数个夜晚，他无比想念在伯纳日尔饿着肚子对着一群煤炭工人画画和四处闲逛描绘厂房的日子，还有在纽南什么都不考虑对着那些吱吱呀呀的纺织工人画画的日子。他觉得自己像一只待在金笼子里的鸟儿，虽然吃喝不愁，外表看起来光鲜，但内心却早已腐烂恶臭，对蓝天的渴望快要压坠自己的身体。他在他的书信中这样写道："看到巴黎时，我感到沉闷的苦痛压顶而来，那是一种挥之不去的灰暗，就像医院里挥之不去的难闻气味，无论怎样清洗都无法使之消散。"

他知道自己要作画，要尽快成功，但没有灵感和作画的素材让他更加焦躁。在无奈之下他只能自己给自己做模特，在巴黎的这段时间内，他总共画了20多幅自画像，可是每一幅自画像里，他的眼神都是那么地忧郁迷茫，仿佛在不停地叩问自己，绘画事业的未来、苦苦摸索中属于自己的地位和坐标在哪里。

从学画画开始，梵高的绘画就是一个人在写生的田地里、在矿工的小屋里，在牧师公馆完成的。他还可以肆无忌惮地观察周边的一切，随意地选择最能打动自己的东西，然后把自己内心的情绪投

射到画布上。他太过敏感，一丝细微的波动就能在心中产生巨大的涟漪和阵痛，而画画对于他来讲就像一针，安定剂让他的血液渐渐宁静下来，所以画画是他观察世界的方式，也是他治愈自己的方式。但是来到了巴黎，他开始尝试从自己的巢穴里走出来，走到人群中和他们一起探讨绘画人生和社会。刚开始，对于迫切想学习印象派和新的绘画技巧的他来说，这一切是那么地新奇有趣，而且富有意义。可是久了之后梵高就会觉得厌倦在他身边那些忙碌的人们、那些叫嚣的声音渐渐压过自己，那形单影只孤独的身影，这样梵高找不到自己创作的冲动和创作的主题。渐渐地他感觉自己在这一群人中成了一个没有脸面、没有声音的影子。他无比思念那个活力充沛、灵感迸发的自己。其实在梵高内心，也察觉到了这种矛盾和不安，他在写给提奥的信里写道："当人们对我稍加欣赏时，这时候对我来说多么美好。"对于求爱，他也说男人必须要有一个女人这样才能从中了解到生活的意义。他受够了孤独跋涉的苦处，十分渴望和人的接触和陪同，但是，独有的敏感和细腻又决定了他不愿意也不会和别人接触得太近。一旦超出了那个安全距离，他就会想逃离，在巴黎也是这样。

终于有一天，在提奥惊愕的眼神中，梵高平静地说："弟弟，我要离开巴黎了，你要好好保重自己。"

虽然提奥百般挽留，梵高还是执意要离开，无奈的提奥只好提着行李把梵高送到了火车站。

离火车到达还有一段时间，兄弟两个就有了一些依依惜别的时间。"提奥，虽然说你是我弟弟，但是，我还是得对这两年在巴黎你对我的照顾表示感谢。我的性格太过狂躁，也比较自我，有的时候只考虑到自己的画画而没想到你的生活。对于我对你的生活带来的

第五章　东奔西跑：他乡学艺，开创新的绘画技巧

困扰，我也感觉到十分地抱歉。"梵高平时很少在现实生活中表达对提奥的感情，这两年他们的争吵也比较多，说到这儿他的眼眶已经有点湿润了，"我离开巴黎对你来说有好处，这样一来就能恢复你的社交、工作和生活。"

"哥哥快别这样说，我是你的弟弟，就得支持你的绘画事业和生活，这都是我该做的，而且你也在一直支持我、鼓励我啊。我们两个在一起住确实存在一些不方便，但是你没有必要离开巴黎呀。你在这儿不是认识了很多好朋友吗？你不是告诉我你有很多收获吗？你继续留在这儿呗，实在不行我们可以在靠近我的公寓帮你租一套房子呀！"虽然提奥对梵高有诸多抱怨，但是听到梵高流着眼泪对自己说这些对不起他的话，他的心还是软了。

"不，那又要多花钱了。巴黎确实是一个艺术和潮流的中心，在这里能接触到五光十色的艺术、思想，这是我在其他地方得不到的，这两年我也慢慢知道了很多艺术理念、绘画技巧和我画作中的缺陷。我不后悔来巴黎，何况还能和你生活在一起。"

"是啊，那为什么一定要走呢？留在这儿吧，留在这儿我们就不用彼此只通过信件联系，我也不必太担心你在远处奔波。"

"不，我还是要走的。不光是为了咱们两个，还是为了咱们的绘画事业。这两年我都做了什么？我临摹了太多关于印象派的画和日本版画，但我自己的创作寥寥无几，而且一点都拿不出手。我脑中有太多想法，却一点都画不出来。我需要找个地方沉淀沉淀。而巴黎就像一座金碧辉煌的宫殿，虽然陈列着最优秀的艺术作品，却不是艺术发生的地方。因为真正的艺术发生在田野里，在农村里，在与底层人民接触的时间里，而这些在巴黎是不可能完成的。所以我要到一个能画画的地方去。时间有限，我不能再在巴黎浪费时间。"

"那你要去哪儿啊？你总要告诉我你的去处。每月的生活费和油彩寄到哪儿去？我总要知道个新地址吧！"

"其实我最想去日本看看，但太远了，成本也太高，留到以后有机会再去吧。我想去法国南方，因为这么多年一直都待在北方，受够了这种阴冷潮湿的天气，南方的气候温和、色彩比较艳丽、风景优美，简直像个翻版的日本，而且很多书籍都提到那儿，简直是个世外桃源啊，适合画画创作。等我安定下来，我会给你写信的。不要担心我，我会照顾好自己的。"

"从你16岁，你就在外面漂泊，咱们兄弟两人聚少离多。这两年的一些小矛盾，你千万别放在心上。"

"咱们毕竟是亲兄弟，我知道你一直都是最支持我的那个人。我现在没什么想法，就是想能够找到一个安静的地方，激发我创作的灵感，早日卖出画作，回报你对我的资助。到了那时，咱们就没必要再分离了。"

提奥没有再说话，只是紧紧地握住了哥哥的手，他知道梵高像一只不会停留的鸟，在实现他的理想成为一个著名画家之前是不会停歇的，他什么也做不了，只能选择尊重他的决定，继续支持他。

火车终于来了，梵高托着他的作画用品和提奥给他带的食物上了车。他已经记不清这是多少次出走和离别，他没敢回头看还在站台上的提奥，只是闭上眼睛，任泪水流下来。"火车快点开吧，我要尽快开始作画。早点成功就不用再这样自我放逐了。"梵高心里这样想着，在轰鸣前进的火车上进入了梦乡。

| 第六章 初被认同 |

渴望生活,创独特绘画风格

模仿学习得久了，就形成了自己的风格。色彩、花朵、星空、暗夜渐渐成了梵高画中常有的风景，而旋涡形的笔触、扭曲的外形和不平衡的视角也成了很多人模仿的梵高式风格。只是人们不知道，从默默无闻到风格展现，梵高放弃了太多：家庭、爱情和平稳的生活。而支撑一世孤苦的他走下去的也不过是内心深处如向日葵那般热烈的激情。

第六章 初被认同：渴望生活，创独特绘画风格

「一」
一个人的阿尔勒

1888年2月，梵高到达普罗旺斯的阿尔勒城。他用自己的脚步丈量这座小镇，以自己的画笔记录这儿的生活。阿尔勒的阳光和色彩给他打开了一个全新的世界，他一个人沉醉其中，不能自拔。

相比于巴黎的繁忙热烈，在阿尔勒的生活节奏清闲缓慢得多。那时的自己随着远离巴黎轰然倒塌，而废墟中柔软的自我肌肤也最容易渗透外界的滋养。在巴黎停滞的画笔又开始挥舞起来，无边的麦田、起伏的山峦、忙碌的人群、怒放的向日葵都被他在纸上一一建造出来。

当受到太多的外界打击后，人会暂时关闭伸向外界的雷达，转向自己内心，这是一种本能的自我保护。这时候的梵高，没有人愿意买他的画，也没人愿意当他笔下的模特，更没有人牵起他的手和他一起共同承担生活的重担。纵使每天早上太阳升起后他都以一种精神焕发的姿态再拥抱生活，这些负能量还是像金属中毒一般，慢慢渗入他的血液。当生命的热情慢慢得不到别人的回应，他开始反窥内心，护住自己跳跃的生活之脉。

独处的时间里总是最能体会寂寞的滋味，在阿尔勒待了几个月的梵高也是这样。大家一眼就能看出他外形的异处，宽大的衣袍、

邂逅而沧桑的面容、随身携带的画板都自动将他与闲适的阿尔勒人区分开来。《作画归来》里也描绘出了苦行僧一般独自作画的梵高。和那些自画像里的衣着整齐、忧伤凝视的梵高相比,这幅图里的自己俨然一副忙碌而平实的姿态。和农民无异的装束把他包得严严实实,是为了抵抗更毒辣的日头,但提肩手抗的画箱才稍稍显露他不一样的身份。大步赶着路,只有一掠影子陪伴着清教徒似的自己。但是,所有朴实的外界装饰都掩盖不住多彩的内心世界:五彩的石子、笔挺的树木、绵延的麦田和清澈的天空都让他雀跃。一个人的日子,虽寡淡但是充实有序。

但是,独处也给了他观察和思考的机会。他可以随时从人群中抽离出来,站在角落里旁观,然后在自己的画板上记录下来。

较之北方,阿尔勒的夜晚更加湿润,也更加静谧。这儿的夜生活并不太丰富,往往不到十点街上的人流已然疏散,只留下绚丽闪烁的街灯和零零星星的夜行者。梵高也是其中之一,与其一个人待在那座黄屋里,他更愿意在外面感受阿尔勒夜晚的气息。他走走停停,偶遇一个人就点头示意打个招呼,遇到喜欢的景色就把画板支在那儿,感到夜色深了就把随身带的蜡烛点亮,放在小提灯上,顶在自己的草帽上。暗夜的包围清除了周围人的喧嚣和注视,此时的他也像一匹丑陋、敏感、害怕捕食者的小驹,开始舒展肢体,肆意地享受美景。

一天晚上,他又来到了罗纳河畔。这里的夜景异常地美丽,让人屏息凝神。清澈的碧蓝色天空中早已挂起黄色的星形灯笼。天幕垂直泻下来,漫出一片柔软的同样深蓝色的水域。彼岸影影绰绰的灯光里,大桥像一条深色的带子蜿蜒绕在河上。灯光和星星一起倒映在水波里,随之蹁跹摇曳。光束到了河里被拉成了黄色光柱,犹

第六章 初被认同：渴望生活，创独特绘画风格

如建造的水上城市。这里的夜晚生机勃勃，恍若白昼。

梵高久久地站在那里，聆听着这动感的声音。同样欣赏到这自然天籁的不止他一个人。河岸前站着一对情侣。两个人都身材高大，身穿宽松的工装，明显就是刚刚下工的工人，此时尽情享受着免费的美景。他们依偎在彼此的肩头，时而在耳边窃窃私语，时而发出轻微的笑声。清风明月、繁星流水、爱情呢喃，这一刻真的让梵高的心醉了。

于是，他开始从颜料管中挤出油彩，主体颜色是蓝色、黑色和黄色，但根据天上、水里和岸边的区域用色的比例和力度也不同。苍穹上用浅蓝色平铺，用黄色点缀成一个个像太阳一样的小色块，营造一种璀璨星空的轻快。河里，他用浅蓝深蓝勾勒出水纹涟漪，再慷慨地画上亮黄光柱。荡漾的彩色水纹一直漫到河岸上，这两位情侣也成了梦幻世界中的神仙眷侣。

梵高的思绪和画笔都伴着夜的旋律跳动起来，他也完全沉浸在自己的创作世界中。两位工人情侣从河边离开时，好奇地看了看这位蹲在地上用力涂抹色彩的男人。女子发现自己在他的画作里，惊奇地"呀"了一声。但很快，在男人的嘘声和欣赏的目光里，他们快步离开，只留下这个浑然不知的艺术家奋笔作画。

另一幅让他满意的画作也是在夜晚完成。在这幅画里，清爽的蓝白色天窗下面是金黄通亮的咖啡厅，房檐下的三三两两的顾客坐在摆放有序的桌子旁，衣着体面、轻声细语的服务员端上精致的饮料和小食，地板上彩色的地毯和街上的彩色十字路融为一体，很像大教堂的彩色玻璃。

他在自己常待的咖啡厅外面摆了画架，认真地把他眼中的夜景搬到纸上，这也引来了路人的垂询。

"兄弟，我不懂什么绘画，但这幅画给我的感觉很特别。"一个20多岁的男孩子拍了拍他的肩膀，语调里是掩饰不住的兴奋和喜悦。

"是吗？最近老在这一块闲逛，对这边的环境比较熟悉。每天的这个时刻，也是灯光和黑夜对比最强烈的时刻，所以灯光刚打开的那一瞬间，我就来了冲动，想把这个咖啡馆画下来。"

"艺术这玩意儿绝对是需要天赋的，在我眼里这就是一个普通的咖啡厅，卡座设在户外，能看到星星。为什么在你的画里就那么别致、那么唯美呢？"

"也还好啦。我只是觉得坐在这个咖啡厅里让人心情舒畅，所以看到星星就很愉悦，让我想到了花朵，正好白色和黑色的对比比较强烈，所以天上的星星就成了花瓣的形状。"

"哦，也就是说这也不是你刻意为之，只是根据画画时的心情了？哇，艺术真是件奇妙的东西。"

听到有人夸奖自己的画作，梵高不好意思地挠了挠自己的头，语调也开始热情自信起来："我喜欢黄色，因为最像太阳，有种燃烧的生命力。把咖啡馆的灯染成黄色，你们应该有点不适应吧，但是只要你们盯着它看一会儿，就会感受到灯光的热力和咖啡馆的感染力，一点都不输白天。"

"是啊，人家画夜晚是画黑影，你画夜晚是画灯光和星光，真的很别致。我还喜欢咖啡馆对面的那几栋房子，窗户里透出的隐约灯光很温暖，也让人浮想联翩。"

第六章 初被认同:渴望生活,创独特绘画风格

「二」
夜幕下的咖啡馆

这个咖啡馆是天然的社交场所。因为到了晚上,收工的人们会自动地聚在这里,点上一杯咖啡,约上三五好友,放松一下。而夜晚也是梵高打发孤寂出门找寻灵感的时候,忙碌了一天的他回到家看到冷清清的屋子心里也是空落落的,对高更早日前来的催促也变成言辞闪烁的回复,孤寂的他自然发觉夜晚难熬,被楼下的喧闹撩拨着,也自动成了常常光顾这儿的客人。梵高认识了罗林和朱阿木少尉后,常常把他们约到这儿一起聊天,但是遇到两个人都没有时间的时候,梵高就会一个人默默地坐在角落里,看着这些和他无关的人或事。

咖啡厅是一个很好的观察人间百态的地方。由于白天的人流量并不是很多,它的营业时间一般是从傍晚至凌晨。那个时候天色已经变暗,咖啡馆外炫目的灯光和其他店铺一起组成了一道独特明亮的光墙。屋内的灯光打的还是偏暗的色系,营造出一种暧昧和神秘的气氛,配着那些若有若无的并不知名的软软的法语歌声,让人心神荡漾。这里出没着各种各样的人:有连工服都没回家换的工人,他们直接来了这里,趴在座位里一杯又一杯地发泄自己的苦涩;有穿着暴露、妆容妖艳的女子靠近你,对你抛一个意味颇深的微笑;

也会看到一些男人和那些女人在耳边有着私密的谈话，进行着什么说不清道不明的交易，最后两个人一起默契地离开。也会有一些和他一样打发夜晚的空虚来这里买醉的男子，有的时候喝得烂醉如泥，梵高不得不和咖啡店员一起把他们抬出店外。

待得久了，他会十分理解那些人，如果在家里能有个安心而温暖的睡眠，谁又愿意在这咖啡馆的临时座椅上打发掉一夜又一夜？这样想来，这儿的人们仿佛和博纳日尔的矿工一样都成了自己的难兄难弟。情绪一上来，他决定创作一幅与此相关的画作。连续待了几晚上之后，一身酒气的梵高终于完成定稿，他兴致勃勃地拿到咖啡馆老板面前，一副孩子做了好事要奖赏的表情。

"老板，我为你们的店画了一幅画，简直是免费的广告画儿。"

"啊？这真的是我们这个地方吗？第一眼看，颜色我都没反应过来。整幅画都是红色，还以为是暗房和仓库，正中间就是个台球桌，我们的咖啡馆有那么狭窄吗？"老板仔细地看了看这幅画和自家的咖啡馆，难以置信地说。

"是啊，我确实不是按照传统的构图和透视处理这幅画的，构图焦点放在了稍微有俯视的角度，这样显得这个空间更紧凑、更狭小。颜色也是我故意设计的，大面积的红色让人灼热、紧张又有点透不过气，几个绿色色块的设计和红色的对比更加明显，更让人有种抑郁、焦躁的心理感受。"

"你这么一说，我确实有点这种感觉。可是，等一等，为什么要这么安排呢？我们这儿明明是供大家休闲娱乐、舒缓身心的场所，怎么就让人抑郁、焦躁了呢？"

"不同的人会有不同的视角，看到不同的景色吧。在我看来，夜晚还不能享受睡眠却待在这儿的人肯定有这种感受。"

第六章 初被认同：渴望生活，创独特绘画风格

"是啊，每个人都有自己的想法和自由，所以我坚持自己的经营定位。谢谢你对我们咖啡馆的支持，不过这个确实不适合放在我们店里，还是你留着吧。"老板的语言滴水不漏，却拒人于千里之外。

"好吧。"梵高耸了耸肩，夹着这幅画上楼了，他要把这个新作寄给提奥，也许这样主观情绪如此强烈的画作会受大众的欢迎吧。抱着这样的希望，梵高终于可以不带负罪感地上楼，进入一个安稳的睡眠。

在这个地区他也找到了和自己脾气相投的朋友。因为和提奥的大量的书信往来，梵高认识了经常给自己送信的邮差约瑟夫·鲁林。他有着魁梧的身材、满脸络腮胡子和憨厚的笑容，很容易与人拉近距离。鲁林不像这儿的普通人那样对艺术怀有深刻的偏见，他只是觉得这样一个人跑到阿尔勒，每天辛苦地作画，很不容易，所以对他投注了朴实的关心和帮助。虽然只是一个邮差，他和唐伊老爹一样关注政治，喜欢喝酒，所以常常给梵高送完信之后就和他在酒吧里喝喝小酒，一起畅谈对于现行政治的各种意见。他也会热情地邀请梵高，加入自己的家庭聚餐改善一下伙食。

和他们相处的时候，梵高很开心，不论是鲁林的妻子、青春期的孩子还是不谙世事的小男孩儿，他们都对梵高十分地热情，邀请他加入他们热气腾腾的生活。他们乐于扮演梵高画下的模特，而且也愿意倾听他生活中特别细碎的细节。鲁林老爹的人生经历十分地坎坷，经历了人生的困顿已经到达难得的豁达。作为梵高的挚友，他能从旁观者的角度给自己的绘画提出一点意见。比如，一次在梵高为了自己的画作没有进入官方举办的艺术沙龙而一杯杯地买醉时，鲁林平静地劝说道："拿破仑三世为了巩固他的地位不得不采取一些积极措施，举办艺术沙龙也不过是为他的艺术帝国选举发言人。所

以梵高你的作品即使没有选上,也不必在意。因为你本身就不是立志要推举官方的意识形态,你只要画出你想画的东西就可以了。"这番话给了梵高莫大的鼓励,他对鲁林的依赖也增加了几分。

「三」
和高更的共同生活

提到这个时期和地方,就不得不提到梵高的"黄屋"。在一阵考察后,他把街道旁的一套房子租下来,并把它涂成了亮黄色。房子虽小,但生活物品摆放整齐有序,画具齐全。梵高开始建立自己的艺术乌托邦,希望在此安放自己渴求自由的灵魂。他把黄屋刺眼地立在街角,宣告着自己对生活的期盼。

在这个远离故土和亲人的地方,他对自己找到的这栋小房子寄托了归属感和美好生活的信念,"我要以这个地方为据点,打造一个能让画家自由生活的地方"。梵高心里一直有这么一个"艺术同盟"的想法,那就是在阿尔勒把一些年轻志同道合的画家聚在一起绘画,通过集聚效应实现新艺术绘画艺术的勃兴。可是没有人愿意离开名人满席、夜夜笙歌的巴黎,跑到南方那个狭小寂寞、平均只有5万居民的城镇。惦念着哥哥艺术俱乐部的提奥挨个上门拜访,希望能说服这些艺术家能南下,与梵高一起结成创作联盟。终于,在提奥的软磨硬泡下,著名画家高更以提奥帮他支付所有债务为条件,答应了南下的要求。文森特是单纯地抱着复兴艺术和绘画的热情,而提奥仅仅是希望自己的哥哥在那座小城能有一位志同道合的朋友陪伴,生活不再孤独。在这点上,提奥的兄弟之爱又何尝不像我们拥有的父爱，沉默而细腻。

　　这时的高更和梵高却不是同样的想法。虽然在很多人眼里，在塔提希岛上的生活如同在桃花源般惬意悠闲，后来的小说家毛姆根据他为原型写下的小说《月亮和六便士》更是为他在这里的生活平添了浪漫色彩。客观地说，在浪漫的外衣下他花心、奢侈、不稳定和窘迫的成分更多。因为受不了他放荡不羁的性格，他的妻子在这时已经离开了他，只给他留下一笔不菲的赡养费支出。在岛上放纵自由的生活改变了他的画风，却并没有给他带来立竿见影的收入和名望。从岛上回来的高更又回到当初刚辞职时入不敷出的状态中。

　　这时候提奥和梵高热情洋溢地邀约、包吃包住的许诺，还有信封里的50法郎，成功地解决了他的燃眉之急。精明的他没有立即表示同意，只是在信中表达了他愿意出行的意愿，但表示还要再等一段时间，待手头的事情处理完毕。两个月之后在给自己的妻子写信时，他这样例行公事般地介绍自己的行踪："我要和一个画家去住6个月，他会提供我的生活费，而作为交换，我把我的画作提供给他。"

　　如果两个人的同行是一场旅程，那么高更从一开始就注定是怀着功利和完成任务的敷衍性，而梵高则是满怀热情和真心，为他准备舒适旅途的一切，分道扬镳的结局也就不难预测。只是没想到这个旅程是那么地短，在相安无事相处了两个月之后，梵高在争执中割下了他的左耳，而高更则重新回到了他的生活轨道。

　　因为被提奥保护得很好，梵高并不知道高更到来的背后的利益交换。在他心里，对方是个著名艺术家，受自己的鼓动来到这个南方艺术据点。为了迎接自己艺术上的前辈，并证明自己对艺术事业的真诚，梵高开始为高更的到来准备了礼物。虽然自己的预算有限，自己房间布置得也很简朴，但他仔细地收拾高更的房间，并特意选了最好的家具。天性善良的他认为大艺术家高更愿意来到这个与世隔绝的地方，愿意带领他和更多的艺术家去恢复和占领一个艺术领地，受了莫大的委屈，而自己必须鞍前马后为他提供最齐全的武装。除了自己的画作，还有什么更合适呢？

于是，梵高每天的早出晚归有了一个新的使命，这个使命让他感到十分兴奋。他很快为自己的礼物选了一个主题，那就是阿尔勒地区怒放的金黄色的向日葵，他要把这些跳跃的精灵定格在画布上。在和提奥的书信里，梵高自称"向日葵称得上是我的东西"，因为"我越是年老丑陋，令人讨厌，贫病交加，越要用鲜艳华丽、精心设计的色彩，为自己雪耻"，那些明黄是证明自己生命能量的唯一方式。1888年8月，在高更到来之前，梵高创作出了四幅向日葵油画。在画中，纯黄色背景的桌子衬上精致描摹的浅黄或橘黄的怒放的向日葵花瓣和绿油油的茎秆。而这幅画就放在了为高更准备的卧室的床头，为装修朴素的卧室增添了生机。后来，他又陆陆续续创造，一共存下了12幅怒放的向日葵。

梵高的作品时而沉静冷僻，时而热烈张扬，这与他兼具热烈和内向的双面性格有很大关系。梵高出身小康，家庭有权，本应该有冷峻霸气的富家公子气质，但因为其貌不扬，长期受到别人忽视和嘲笑，所以自尊心很强，大部分时间展现出孤僻内向的性格。但是一旦热情涌上头，他就展现出了性格的另一个极端面，他会不顾一切地奋力争取，甚至有种极力讨好别人的笨拙感。为这种激情驱使时，就放下了面子、尊严和一切。这在高更到来的这段时间内也展现得淋漓尽致。

等到高更从火车上下来，梵高早已准备好温暖的房间和巨幅的图画来迎接这位朝思暮想的人。

"亲爱的高更,我一直在等待你的到来。我觉得这儿气候宜人,阳光明媚,最适合咱们的创作。在你没来的时间里,我创作了十几幅画,我现在拿给你看下?"梵高连忙接过旅途奔波的高更手中的大包小包的行李,他迫不及待地想把自己这么多天的生活告诉他。

"十几幅?真的吗?那真是太好了。我很乐意去看看,但是,我还是想先看看我的房间。"高更一脸的疲惫,不耐烦地回绝了梵高立即开始艺术交流的请求。

"当然当然,这边来。"梵高背起高更的行李,走进了屋里为其精心准备的卧室。

高更一屁股坐在床上,摸了摸床单:"还算干净,住在这儿的开销不小吧,你怎么解决的?我可没打算和你平摊这么一套公寓啊。"

"放心,我和提奥说好了,我把这个时期创作的画交给他的画廊,出售的收入归他,而他会负责我们在这儿的房租和生活成本。所以,一切不用担心,只需要安心生活和创作罢了。"

"哦,这样就好。一个画家首先要活得舒服,其次才能有所创作。对了,这儿周围的环境怎么样?有没有可以找乐子的地方?"

"找乐子,你是说酒吧?"

"对,酒吧,还有有女人的地方,艺术家的灵感只有在这两个地方才能被激发。"

"这个,这个,我也不是太清楚。"

"哦,反正也不急,那些地方我可以自己慢慢去找。"

"这几个月,我几乎每天都在外面作画,外面的风、太阳、植物、人们、建筑,都是极好的绘画素材。哦,在太阳下待久了也会头晕呕吐,我想是中暑的前奏吧。所以,这半个月我的工作都集中在室内了。说出来可能有点不好意思,每天我会从麦田里摘向日葵,然

第六章 初被认同：渴望生活，创独特绘画风格

后放在家里好好描摹。从这个角度看，创作环境还不错。"突然，梵高的语调高起来，"你收到我前几天给你寄的《寝室》了吗？就是在旁边的那间画的。"

"哦。我看到了，我一开始还以为那是你随手画的素描练习呢。"

"怎么可能？我特意把床和桌子涂成橘黄色和红色，把窗户和桌椅涂成柠檬黄，把窗户涂成蓝色，这样一看就有一种梦幻放松的感觉。在外面待着确实太耗费体力，我们可以在自己的小窝里画画、聊天、喝酒。想一想就觉得生活太美好了。"

"是啊，听起来确实还可以。"

"喝点水吧，高更，对了，你就带了这么多行李吗？你没把你的画带过来吗？"

"带那个干吗？那些画是对过去生活的记载，已经是历史了。既然是来到新的地方，就重新出发吧。我相信我的创造力。"高更一脸的自信。

"说得也对。高更，你对你的新地方还满意吗？尤其是我为了迎接你画的这些画？"梵高将热烈的眼神投向高更，余光盯着他背后怒放的向日葵。

"还可以吧。我想先休息下。坐火车坐得太累了。哦，墙面上的向日葵色泽不错，莫奈有一幅同名的画，但是我觉得不如这幅明亮、有生命力。"高更边漫不经心地说着边整理着铺盖。

"好嘞，你先休息吧。那我出去把刚才的颜色涂上去。"梵高推门而出，眼底全是满足。

第二天天刚蒙蒙亮，激动的梵高便早早醒过来，高更也早早醒来，在和梵高在楼下吃了个简单的早饭后，他就跟随梵高兴致勃勃地观察了这个黄房子周围的创作环境。"这边是麦田，金黄色的麦地

很诱人。""这片集中的建筑里,这是咖啡馆,一般只有下午和傍晚开门。""这里是饭店,但饭菜味道很一般。"梵高一边指着已经生活了几个月的地方,一边兴致勃勃地向高更介绍着他所熟悉的一切。这会是接下来的几个月内他们一起观察、创作的地方。

阿尔勒夏日的阳光十分强烈,正是麦子成熟的季节,大地一片金黄。穿着传统艳丽民族服饰的妇女和农人们,在田地里劳作,给这幅画加上了别样的点缀。

"这里确实很美,这个没有塔提希岛的那种狂放,却比那儿更加自然。梵高,不如我们都把画板放在这里,各自画一幅画,一起比比怎么样?"高更主动提出要切磋画艺,梵高求之不得,欣然应允。

于是广阔延伸的麦田,蓝得发白的天空以及熠熠闪烁的光球成了他们的画布,在上面任意地挥洒自己的神思。

梵高延续着高更到来之前的那种细致的观察,画了一幅杉树。这幅画的构图独特甚至怪异,在画的正中央,杉树的根部紧紧地抠住地面,就像要伸进你的眼睛一样。树根斑驳的痕迹也叙述着遭遇雨打风吹的沧桑。而在树木的后面,一条小公路通往黄色的天空和远处葱茏的森林,仿佛都在诉说着"一代新人换旧人"的自然规律。仿佛是被清新的农场所吸引,高更的笔下是对一个农场小角落的宏观的描述。可能是刚到阿尔勒还没有放开,高更的笔触和写真很是拘谨而正统。田地、房屋、远处的树木、白云和天空,梵高完整地记叙了这些空间上的实物和比例,但是把大把颜色应用到了其中,土地的金黄慢慢流动,流动到了熟透的麦子那里,变成了深黄色。而葱绿的草地跳跃到了远方,就成了墨绿色的松柏。白云如倒出来的牛奶,流淌在灰色和蓝色夹杂的天空中。

画笔停下之后,两个人像被施了魔咒一样久久没有动弹,画作

第六章 初被认同：渴望生活，创独特绘画风格

的色彩和阿尔勒的美景仿佛融为一体，而他们也成了其中的一部分。而让两个人从这场陶醉中苏醒过来的是两个人咕咕作响的肚子。相视一笑后，他们收起完成的作品，一起走进了旁边的咖啡馆。

梵高心里很满足，他一直苦苦等待的艺术知己就这样到来了，能与他一起生活、讨论艺术、作画。以前的孤独仿佛是幻影不复存在，这时的梵高仿佛是张鼓得满满的帆，即将踏上征服海浪的旅途。平心而论，从10月到两人关系破裂的12月，这两个月的共同生活并不无聊，甚至可以说是很标准的文艺范儿。

现在的梵高完全不是以前对钱没有概念、花钱大手大脚的他。他像一个吝啬鬼，紧紧地捂着自己的钱袋，不任意乱花一分钱。因为他知道每一笔钱都是提奥的一份期待，为了不让弟弟失望，他把自己的衣食开销砍到最低，衣服一直穿着两年前的长袍，破烂不堪。每天他必须要加倍偿还，急切地想成为一个有商业意识的画家，因为离开家的他需要向提奥证明自己是一笔很值得的艺术投资。把钱主要花在颜料和画布上，梵高在食物方面特别节俭，不讲究营养均衡，只求能填饱肚子。这么多年的食谱上的常客是苦艾酒和咖啡，既能提起精神和灵感，又能暂时麻痹自己饥饿的肠胃。所以，梵高有严重的肠胃病，这也是肉体痛苦很重要的一个来源。

而高更的理财观念和生活习惯迥然不同，他比梵高活得随性，更懂得享受生活。在当水手的时候，他已经学会用现有的有限食材为自己准备美餐，鱼是他的拿手好菜。当他来到阿尔勒之后，一开始两个人还是遵循梵高单身的模式，去楼下的咖啡馆吃点简餐，喝点酒水。后来，在受够了咖啡厅难以下咽又昂贵的伙食后，高更提出在家里自开炉灶。两个人分工十分明确，梵高去旁边的市场购买食材，高更负责烹饪，这样既保证了两位艺术家的营养又节省了生

活开销。这种安排让梵高很满意,他在一封给提奥的信中这么写道:"他懂得很好地做饭菜,我想我会从他那里学会这一手,这是非常方便的。"

  由于高更的到来,提奥把对梵高的每月补贴提到了150法郎,但是两个单身画家要承担油彩、画布等昂贵的绘画工具、去妓院的花酒以及每天的日常开销,而这时候两个人的画还没卖出,所以没什么经济来源。高更就提出把两个人的共同资产放在门前的一个小柜子里,除了一些公共的支出不能随意支取。这种模式十分有效,也让梵高感觉十分新奇有趣,他对这个新室友的好感也日益增加。

  在风雨交加的晚上,两个人会门窗紧锁,在灯下一起靠阅读打发没什么活动又没什么灵感的闲暇时光。有时,他们会一起看报纸,报纸上刊登的阿尔勒的趣闻、艺术家们的逸事都让他们在一起热切地讨论,抒发自己的观点。而梵高喜欢读的左拉等书里面的经典场景和人物也成为两个人笔下画作的来源。

  共同的艺术探索带来了两个人的互相借鉴。高更发现,性格暴躁激烈的梵高喜欢使用厚重的笔触,虽然粗犷但是能展现出情感喷涌而出的效果。梵高也十分认同,自己不能总是依靠实地写生进行艺术创作,应该像高更学习探索自己的内心和回忆,画出主观性很强的作品。在不知不觉的艺术灌溉中,两个人的画都长出了对方的风格。

  舞厅和妓院是高更和梵高经常光顾的地方。

  与妻子分居两地的寂寞和在阿尔勒地区的枯燥生活激发了高更寻求浪漫刺激的想法。他很快摸熟了阿尔勒地区的环境,这儿共有四所妓院,多是因为战争而留在这儿的人,以法国人和西班牙人居多。年龄普遍不是很小,但姿色尚可,脾性温柔。这时的高更已经

第六章 初被认同：渴望生活，创独特绘画风格

离婚，只通过信件把赡养费和自己的零碎消息寄给自己的前妻和孩子，他开始在妓院里发泄自己多余的精力。梵高虽认为不可纵欲，要把主要精力放在艺术创造上，但需要满足自己的正常欲望。经受过几场爱情的挫折，梵高也早已不再抱有成家的希望。此外，去妓院的一个附加好处是可以在那里找人物画的模特。于是，他也跟在高更后面，时常徘徊在妓院周围。两个没有家庭羁绊的男人成了妓院的常客，他们在绘画之余常选择用这样的方式排遣自己的空虚。

在这样的地方，打扮个性、身材高大、善于调笑的高更明显比梵高更如鱼得水。他风趣幽默，能绘声绘色地讲述自己在南美的经历，逗得一帮女子笑得前仰后合，也会察言观色，用几句话满足女子的心理诉求，增加自己的满意度。短短时间内，他成了这些地方的红人，有的女子甚至愿意在他们没钱的时候主动来陪高更。相比之下，梵高受到的待遇就没那么优渥。因为长期邋遢的单身生活，破旧的汗衫上总是散发着一股酒的恶臭。外形不出众的他不爱说话，一说起话来就因过于紧张而滔滔不绝，仿佛在与别人争论。说话时也只知道表达自己的观点，完全不知道自己可能在无意间触及了别人的禁忌。这样的梵高自然对女性来说没有吸引力，哪怕有几个为了梵高身上的法郎而接近他的也是满脸的嫌弃。

梵高没去过除欧洲以外的地方，一直向往版画里那个简洁明亮的日本也未能如愿。现在听到高更对南方马提尼克岛绘声绘色地描述，他感受到一股热烈蓬勃的生命力，脑海中也迸发出了若干形象：艳丽的锦簇花团，独木成林的未知植物，展翅高飞的奇异鸟类，披着兽皮、抱着陶瓷、跳着舞蹈的原始人，原始而自由的社会习俗。他坚信这样的环境一定会成为灵感涌流的地方。这些让高更成了异域色彩的代言人，也在他的向往名单上又加了两个地方：非洲和

南美。

高更的到来也丰富了梵高的社会生活。水手出身的高更更喜欢去户外进行名副其实的活动，跳舞、拳击、击剑甚至去妓院都是高更乐此不疲的项目。在他的提议下，梵高单调的生活计划也多了一些变化。

在一个酷热的夏日，吉诺一家、鲁林一家和他们两个一起到阿尔勒斗兽场观看斗牛比赛。这座斗兽场是罗马时期的遗迹，几千年的历史只是别开生面的斗牛赛。

他们一大拨人的队伍特别壮观：身穿黑色小燕尾服西装的吉诺先生为穿着同样华丽黑色高腰伞裙、外面披着白色针织小罩衫的夫人撑着伞，两个人互挽着胳膊，亲密耳语，仿佛要去度一个蜜月。而鲁林一家的状态则更加生活化：鲁林还是穿着日常的制服，太太也只是换上了比平时素净一点的棉布长裙，他们并没有机会展现甜蜜，因为他们要时刻提防跟随的三个孩子有没有跑掉队伍，闹矛盾打起来或者跑到马路边上去。高更换上了休闲夹克和新皮鞋，手插在裤子口袋里，嘴里哼着小曲，显然心情不错。

我们的主人公梵高还是穿着平时的工装衬衫和裤子，背着一个常用的、装有画笔颜料的白布袋跟在后面。他的心情非常欢快，因为习惯了孤独的他发现和自己的一群朋友一起出玩也是一件乐事。看着走在自己前面幸福的两对夫妻和悠然自得的高更，他突然产生一种错觉：鲁林夫妇是高更和自己的父母，吉诺先生是与之交好的朋友，两家人在夏天相约一起带着自己的孩子们去看他们期待已久的斗兽表演。这样的想法把他自己也逗笑了，自己其实和鲁林也差不多大吧，他怎么可能会是自己的父亲呢？只是，自己的爸爸、妈妈在小时候比较严肃，业余时间也消磨在了看书和绘画上，很少为

第六章 初被认同：渴望生活，创独特绘画风格

梵高留下合家出游喜乐融融的记忆。现在，父亲已然溘然长逝，自己和母亲交流不多，和提奥、妹妹相隔甚远，进行这样的出行也是奢望了。

"哦，快到了，我们快到了。"小鲁林的一声欢呼打断了梵高的思绪，梵高定了定神，原来已经到达阿尔勒斗兽场了。

经历了几千年的战乱和自然灾害，斗兽场只是稍有磨损，还保持着当时威武气派的模样：圆形的斗兽场门口外观是石头做的巨型拱门，笔直地指向上面的天空，走进去穿过一重重的门廊就到达了广场内部，内部十分壮观，俯视可以看到，下降的阶梯一直延伸到了下面的绿草地，草地被装饰着的铁栏杆士兵围着，隐隐预示着这一观赏性项目潜在的危险。

一行人沿着楼梯的座位坐下，兴奋地四处张望着。也许是因为这个斗兽场的知名度，广场密密麻麻坐满了人，到处可以看到女性晃动的丝质面罩和男人的夹克，口哨声、喊叫声和叫好声也连成一片。阿尔勒还是挺热闹的嘛，在斗兽场这简直和巴黎有得一拼，高更侧过身，和梵高交流心得。

突然，场内一下子就安静了下来，场内响起洪亮的曲子，这时两位穿着16世纪传统士兵的人骑着白马、举着旗子进场了。在他们身后跟着三位斗牛士，从坐台上可以看出他们分别手持长矛、飞镖和利剑。他们边行走边向观众们敬礼，赢得了一阵阵呼声。

这时，围场一隅的牛栏被打开，一头雄壮健硕的棕色公牛被放了出来。也许是饿久了，也许是受到了满场掌声的挑衅，它没迈出几步就开始朝斗牛士飞奔过去，气势汹汹，简直想要把他们三个撕扯成碎片。

几位斗牛士并没有畏惧，手持长矛的人轻盈地跑在前面，引得

后面的牛跑得气喘吁吁。待到牛跑累了动作稍微迟缓时,他就乘机上前挑断了牛脊椎骨的皮肤。牛吃痛闷声叫了一下,狠狠跺的步子也仿佛撼动了场地。而这意外的主攻也让平静下来的观众一阵骚动。

"他们是想引着公牛漫长乱跑,把公牛的体力耗尽,再趁它虚弱的时候一举拿下。这真是太刺激了,而且他们是有分工,每个人轮番上阵给牛来一些伤害,最后一个把牛弄死。如果我是那个拿着剑的斗牛士就好了,我才不会浪费那么多时间,我会直接冲上去把牛结果了。这样才过瘾。而且我练了这么多年的击剑,命中率肯定很高。"高更兴致勃勃,边四下比画边兴奋地喊着,引着周围的观众频频回头。

"不错,这一西班牙的节目确实十分考验斗牛士们的勇气。就是有了这种精神,希腊罗马文化才会这么跌宕起伏。"梵高的脑海中又响起了文艺复兴时期某节歌颂人类力量的诗歌,但是他的注意力很快又被精彩的斗牛表演所吸引去了,那半截诗歌也忘到了九霄云外。

后来的比赛过程果然如高更所说,飞镖手在公牛的背后射中了两镖。然后击剑手拿着一块红布在已然满身伤痕、锐气明显受挫的公牛前快速舞动,这是因为公牛见了红色更加兴奋,这样可以挑衅公牛发起最后的进攻。公牛横冲直撞向前,却没想到中了他的圈套,斗牛士薄如蝉翼的长剑轻轻一挑就进入了公牛的颈部动脉。公牛闷吼一声,继续向前冲,却让脖颈间的长剑插入得更深。就这样,一把细剑和沉重的公牛之间开始了前后的拉锯战,直到公牛闷吼了一声倒在地上,殷红的鲜血喷了一地,这场战斗也达到了高潮。

观众席上反应不一。高更和梵高这样血气方刚的年轻人早已站了起来,挥舞着自己的衬衫或外套,向斗牛士表达着胜利的祝福和喜悦。像吉诺夫人那样的柔弱女子早已吓得满头是汗,倒在自己的

第六章 初被认同：渴望生活，创独特绘画风格

丈夫怀里寻求着安慰。而像鲁林夫妇这样的父母也不会错过这一绝佳的教育素材，他们向被惊得嘴都合不拢的孩子们传授合作和勇敢是成功的不二诀窍。

观赏完斗牛，一行人意犹未尽地回到了住所。只是，随时随地都不忘记自己绘画事业的梵高还是在睡前把今天的见闻记录在了他的画布上，又为后人留下了一幅绝代名画。而他和高更在这儿的尝试也让阿尔勒的斗兽场闻名遐迩，成为后代人来此旅游必然参观的一个景点。

不争吵的时候，他们是极佳的艺术伴侣。由于都反对机械客观地描摹外在，推崇自我的表达方式，面对对方的艺术想法和尝试，他们都能给出纯艺术的意见和评价，而不会出现吉诺夫人和外人的那种十分肤浅的"可是，这幅画和现实情况一点也不像"的质疑和嘲笑。他们还一起画下身边的人物，留下阿尔勒的生活痕迹。

蜜月期的高峰里，两个人联手创作了《阿尔勒的舞厅》，这个题材的创意来自梵高和高更创作之余常去的地方，也是他们奔波身体的收容所。所以，梵高提议创作一幅画，把对那儿的印象表现出来。这得到了高更的赞同，把自己的业余爱好升级为艺术冲动，这无疑是一种享受。

"我要在舞厅的角落支起我的画板，趁晚上人最多的时候把舞厅记录下来。"

"好主意。不过你有没有想过我们可以去那边好好观察下，然后回家靠回忆和想象把这幅画画出来？"面对为自己提供食宿以及潜在的出售画作的机会的梵高，高更的语气总是客客气气、含蓄间接。

"嗯，这个建议很好。但是，我在这块不太有经验，具体应该怎么办呢？"梵高对绘画上的创新一向比较热情，他真挚地向高更求救。

"其实很简单。你只要集中注意力在你那个时刻的微妙情绪上，并采用最理想的色彩和外形把它无限渲染出来，就可以让别人感受到。这样的优点是，直接写生时我们会过于关注事物的轮廓，而忽视了我们心中的印象和细微感触。而这完全可以在我们独处时达到。"

"是啊，自我的思维风暴，听起来也让人很兴奋。那我们今晚就开始，用你的方法完成一幅画吧。"

于是，两个人在常去的舞厅待了整整一晚，高更像往常一样用眼神挑逗着那些摆动腰肢发泄着自己寂寞的女子，时不时也占一把和自己抛媚眼的女人的便宜。梵高一杯接着一杯，只觉得喧嚣突然变得很大，又飞速远去，眩晕的自己像被抛到天边一角，冷冷地看着在自己面前旋转、盘旋的灯红酒绿，感觉怎么也融入不进去，他不禁打了个寒战，为自己的彻骨孤独。

回到家中，梵高并不像往常那样手舞足蹈，或争论得面红耳赤，而是魔怔一般走向画室里自己的那个角落。他感受到了，感受到了高更说的那种陌生的微妙情绪，他要在它没有流逝之前把它倾注在纸上。在成排的黄色的灯下就立即画出穿着黑黄传统服饰、排列得密密麻麻的阿尔勒妇女，营造那种令人窒息的压迫感、人们的拥挤、寂寞和放纵的虚空。

梵高对这幅画作十分满意，也认识到了与高更在一起不仅改变了自己的生活规律，也借鉴吸收了新的艺术风格。

「四」
生活习惯的迥然不同

当时流行的欧洲传说认为,如果人们让艺术家作画,他们的灵魂就会被摄走。这就是当时的人对艺术家望而却步以及高更和梵高很少能找到愿意成为模特的人的原因。

第一个愿意为两个人做模特的是车站咖啡馆的老板娘玛丽·吉诺。吉诺夫人已经年逾40岁,本来不愿掺和到为年轻人做模特这样时髦的事情中,但是两个人都是咖啡店的常客,为每晚不太景气的营业额贡献了大头,而且高更一直游说自己如果把自己和咖啡店一并画在画中传播出去,也不失为一种为咖啡店打广告的好方法。于是,周末的11月3日,趁人流不是很多的时候,吉诺夫人穿上自己最体面的风衣来到了两人的黄房子里,坐在两个人面前,专心当起了模特。

两幅《吉诺夫人》绾着精致的发髻、锥子形尖尖的脸上也能看到精心画的眉眼、穿着雅致的大衣,帽子后还飞舞着飘带。可是,仔细看后,两幅画中还是有一些差别:高更的画里,吉诺夫人面朝自己,嘴唇微启,眉毛上扬,投向的眼神里满是欢快、愉悦还有若隐若现的挑拨,而因为吉诺夫人背对着梵高,梵高笔下的脸庞则是只有半边侧脸,只有懒惰、困倦和不愿投向一瞥的敷衍。从这两幅画可以看出，在处理与女性关系方面，高更技高一筹，而且显然收获更大，而梵高则是一个弱者。综观他的一生，他坎坷的感情遭遇似乎也论证了这一点。

　　生活的号角一旦吹起，旅途就平稳起来。但两个人也免不了有些争执和不和。两个人的蜜月期一过去，两者之间那种不可弥合的矛盾就显现了出来。两个人朝夕相处，把最琐碎的细节也暴露在对方面前，一点点不适应像鞋子里的沙子，开始可能只是挠脚那样的小力度，可是时间一长，就足以把皮肤磨得血肉模糊。梵高是典型的神经质的性格，情绪波动很大，时而热情似火，时而萎靡颓废，而一旦陷入自己的情绪终究对外界环境不管不顾。高更的性格截然相反。他内心向往着原始社会的那种狂野和本能，但总是能很好地把这种向往克制在一定范围内。这可能与他当过股票经纪人和水手有关，他的身上充斥世俗的气息。

　　在自己的外形、穿衣和家庭卫生方面，两个人的生活习惯就迥然不同。梵高搞得真是一团糟。他本身个子矮小，按现在的标准换算，大概是一米六三，而且他还十分不讲究自己的外在，常常是拖着很久没洗的、沾满颜料的棉衫和长袍出现在人们的视野里。虽然经常洗澡，但由于酗酒身上常发出一股酒精的恶臭，常让别人敬而远之。他在的地方，无论空间大小和整洁程度如何，都会散落着他喜欢看的小说，角落里也塞满他最新的习作，灵感一上来，他就顾不得其他，随处摸出一张纸、一支笔就开始勾勾画画起来，嘴里念念有词，完全进入忘我的境界。除了画画，他就是个生活白痴，梵高曾经主动提出要下厨犒劳高更，结果把油画的染料当作食用油倒进了锅里，差点引起爆炸，而看着他无辜又真诚的表情，高更的责备也说不出口。相比之下，高更就讲究得多。他喜欢穿宽松舒适而又别致的水

第六章　初被认同：渴望生活，创独特绘画风格

手服，脸上的两撇小胡子也会梳得服服帖帖。而且，作为一个长期在海洋上独自生活的男人，他的生活能力也很强，他能把自己的空间收拾得井井有条，需要的东西能在一秒钟之内翻出来。为了减少开支，高更也主动承担了下厨的任务，买回来两条鱼和几只蟹，下锅一翻炒就成了两个人的美味，引得梵高好评不断。

除了生活方式的不同，两个人在艺术见解上也有很大的差别。在高更自己的传记里，他这样理解梵高的艺术风格：梵高是理想主义，自己是冷静有序的原始主义。高更崇尚塞尚和德加，而梵高对这两个人嗤之以鼻。高更喜欢在室内画画，精雕细琢，梵高喜欢端着画板跑到室外，迅速画完释放自己的激情。在梵高心中，高更是一位色彩大师，更是一位脚步自由、不受世俗羁绊的行者。而高更认为梵高身上背负了太多的经济和家庭压力，不利于自由地进行艺术创作。

两个人的吵架都是以绘画上的微小分歧为开始。10月份的阿尔勒，风变得比任何时候都大，走在街上的人们仿佛都要被掀倒，两个人在外面的画架和画布也难逃此厄运。所以，两个人只好待在家里。因为屋外呼啸的狂风，找不到灵感的梵高在屋里焦躁地走来走去，沉重的脚步和呼吸声在狭小的客厅里像穿过扩音器一样放大。

"这该死的风那么大，我困在屋里什么也做不了。"梵高挠着头，显然快要崩溃。

"淡定点，我的兄弟，也许你可以靠我教你的，在室内想象画一点东西。"

"不行不行，我和你不一样。你可以待着不动想一天把记忆杂七杂八拼凑在一起。那招对我没用。我想一会儿就不愿意想了，还是面对面写真让我有安全感。"

"你愿意那样趴在物品上画画那你就去呗,等风停下来就好了。"高更对于梵高爆发的脾气早已习惯,连回复都像哄孩子一样。

"这个破地方啥时候能有个持续几天的好天气?"

"哼,接受吧,这个地方还不是你找的吗?你自己做了决定,现在就得承担当时决策的后果。"

"你现在开始怪我了,我来到这儿租房、买家具、购置生活用品,这一切还不是为了让咱们两个的绘画更舒适点?你现在把生活中的不满怪罪于我,是不是有点忘恩负义了?"

"舒适?这个地方哪一点舒适了?房子小,屋子贵,整个镇又小又破,刮起风来跟疯狗发作一样,门都出不去。最奇葩的是你这样一个室友,生活白痴一个,处处需要我照应,还时不时发个脾气。我真是受够了。"

"受够了?你终于讲出你的真心话了吧?你根本就不想来阿尔勒。要不是我弟弟把你的欠债还了,你怎么可能会来到这个鬼地方?"

就这样,两个人一开始的艺术讨论发展到后来就成了各个领域的彼此指责。一开始还在耐心地给对方讲道理,讲到后来两个人的脸越来越红,都忘记了吵架的缘由和每一句论证的目的,只是像吹满气的气球,纯粹地向对方身上发泄怒气。

吵到后来,一般高更像哄孩子一样让步。"好了,一切都是您对,我的船长!"

听到高更让步的梵高赢得了胜利,却没感受到什么快乐,他只觉得头疼欲裂,浑身的气力仿佛被抽离,像一个麻袋发出一声"嘭"的闷响,倒在地上。

在高更看来,梵高是个神经质、易冲动的人,一旦情绪上来,就像一个疯子一样陷入完全失控的状态。在他的笔下,梵高的眼神

第六章 初被认同：渴望生活，创独特绘画风格

迷离，身体后仰，笔下的向日葵也像水一般晕开，没有一点朝气。就连梵高自己看到这幅画也惊呼："这简直就是喝醉了的我。"

共同生活也是有矛盾的，而两个性格张扬的艺术家的共同生活注定矛盾更多、更激烈。这种冲突酝酿发酵了一个月，终于达到燃点，爆发成一场大火，在12月肆无忌惮地烧了起来。

起初的美好并没有延续得很长，它终结于1888年12月23日。巧合的是，1881年的圣诞节，因为对凯表姐狂热的追求，梵高被气急败坏的父亲赶出家门，在万家团聚的圣诞夜他像一位被流放的耶稣，独自品尝着降临其身上的苦难。1888年的圣诞节，神经记忆中被抛弃、被鄙夷的熟悉记忆又一次涌上来，而这次他想做一下抗争，哪怕这抗争于他人是无益而好笑的。

"明天就是圣诞夜了，虽然我们暂居这儿，无法和家人团聚，但是看看我们的收获，这一切都是有意义的，不是吗？这是个特殊的日子，就算我们多花点钱去庆祝，提奥也觉得是理所当然的。所以，高更，我们去买点酒和火鸡吧，过一个像样的圣诞节。"梵高不是不知道在这两个月的相处中两个人之间浮现了很多矛盾，自己对高更浪漫化的认识被打破，高更对自己也颇有微词，可是时值圣诞节，他还是主动表示友好，希望过一个温馨的节日。

没有想到，这份友好换来的却是冷漠和嘲笑。

"不用了，不用再花提奥的钱了。他也真是可怜，明明自己前途无量，生活舒适，偏偏要带上30多岁还靠他养、像蚂蟥一样吸血的哥哥。"高更在收拾自己的东西，头也没抬地撂下这么一句。

"你，你什么意思？"突然的讽刺让梵高有点摸不着头脑。

"我没有什么意思，我只是表达出了我的看法。我拿了提奥的钱，起码给他送去了可以带来收入的画。你呢？提奥供养了你那么多年，

你拿什么报答他的？哦，对了，画作一幅也没卖出去，堆在他家是多么好的艺术品啊！"

心底里最隐晦、最在意的伤疤猛然被提起，梵高的第一反应是逃避。他一边摇着头，一边本能地往后退，其间碰倒了桌子旁的椅子也没有在意。"不，不，别说了，高更，求你别说了，高更。"

"哼，你就是这样一副软弱的模样。也只有提奥会没有怨言地供养你那么久，如果我是他，我肯定早就一巴掌把你打醒，让你不要再做梦了。"

高更不顾哆哆嗦嗦的梵高，继续向他投掷言语上的匕首。"对了，我还有一件事要告诉你。我的那几幅画被卖掉后，画商把钱支付给我了，我已经有钱支付我周游各地寻找灵感作画的计划。所以，从今天起，我也不会住在这儿了。"

听到高更要走，一直躲在旁边颤抖的梵高仿佛如梦初醒，赶紧站起来喊道："不，高更，不要走。两个人之间有冲突是很正常的，我们可以一起解决啊。而且，而且，两个人意见不一，才能……才能促进交流。你忘记了要一起建立南方艺术联盟、振兴艺术的誓言了吗？"

"什么艺术联盟？你觉得我和凡尔纳会和你在一起组成什么狗屁联盟吗？你的画狂躁、平庸，而且一直卖不出去，谁要是和你成为同盟，谁是要倒霉的。"

"我，我会继续努力画画的。卖不出去仅仅是暂时的。"

"不要再自我安慰了。实话告诉你，我当时之所以同意来这儿，是因为你那可怜的弟弟主动把我欠的钱还了。现在，我的画卖掉了，我也没必要忍受你这个邋遢、固执、没本事的软蛋老是跟在我后面了。我是出于礼貌和你说一声，再见了，好自为之吧。"

第六章 初被认同：渴望生活，创独特绘画风格

原来，自己在自己这么重视的朋友心目中竟然是这种形象！高更说的每一个字都像一把把香料，带来辛辣的味道。

"不，不要这样，高更，提奥都快要结婚了，我马上就是个外人了。你不要也抛弃我。你说的所有缺点，我改掉，改掉。我，我也会把自己的画卖掉的。"

"无所谓了，我不在乎了，我走了。"高更这时已经把自己的行李收拾好，扭开门走了出去。"哦，那些放在卧室里的画和我买的小装饰物，你要是觉得碍事就把它们扔掉吧。"稍远处，还传来这么一句通情达理的话。

高更看不起自己，竟然走了，再也不回来了。这突然发生的事件犹如一场大瘟疫的袭击，把梵高的免疫系统全面溃退。

一时间，自我怀疑、孤独、挫败的病毒疯狂地侵蚀过来，准确地击中梵高的五脏六腑，最疼痛的地方当然是心脏。出于本能的抵抗，梵高抓起桌子上的酒，一股脑地喝了下去。谁知，可能酒精的数量不算多，非但没有产生想要的麻木效果，那些感受和以前的画面反而愈加清晰。

幼年因为外貌被同龄人嘲笑，因为替代了那个夭折兄长的地位并不受父母喜爱，躲在书房里靠独自翻阅宗教书籍打发时间，这是童年的梵高；向凯的炽热表白被拒绝，冒天下之大不韪不顾妓女的身份和其结合，却发现她是一匹和自己南辕北辙、向往着广阔草原的野马，发现自己不讨厌也深爱理解自己的玛格特，却因为老处女的身份偏见饮恨自杀，暗夜里躺在床上幻想着红颜相伴、享受天伦的家庭生活，醒来后却只能在肮脏妓院里的几位女性身上发泄欲望，这是爱情上孑然独立的梵高；在古比尔画廊的事业一败涂地让文森特伯父失望到底，神学院没考上在博纳日尔的传教事业，没坚持下

去让父亲蒙羞,几年坚持作画却一幅没卖出去,还每个月汲取提奥并不丰盛的精力,振臂高呼却无人应和,这是事业上潦倒苦涩的梵高。

自己热情洋溢、积极上进,怎么会沦落到这种地步?梵高摇摇晃晃地在房间里走来走去,他的头发被他揉得乱糟糟,似乎也在表示困惑。梵高的心理防御机制马上启动,寻找他的支持系统。他的脑海里仿佛出现另一个声音:不,你的人生还是有希望的。你有家庭,妈妈和提奥都经常给你写信鼓励你坚持自己的梦想;你的画虽然暂时卖不出去,但莫奈和塞尚成名之前不是也经历过这样一段低谷时期吗?自己也有鲁林、高更、凡尔纳这样的朋友支持自己啊!就这样,在这样一个瘦小佝偻的身躯里,阳光和风雨开始激烈地争斗起来。

"提奥马上要结婚了,他人生中最重要的人马上就不是自己了,要不然就不会圣诞节去那个女人所在的荷兰而不是到这里看望自己?高更不比自己努力或有天分,为什么他的画能够轻易卖出而自己的作品就无人问津?朋友吗?他们表面上欣赏你支持你,实际上呢,自己在高更眼里也不过是个软蛋,在其他人眼里应该也是这种形象吧?鲁林呢?他又在哪儿?为什么刚刚不拦住高更,为什么不和自己一起过节?难道这是魔咒吗,7年前的圣诞节是一个人,现在又是这样,难道上天注定自己众叛亲离吗?"梵高平时言语木讷,但其实思维十分敏捷活跃,只是因为害羞或自卑而影响了言语的表达。此时,他的臆想就十分流畅,像岩浆一样滚滚而来。

怎么办?自己不想做个需要别人同情的悲惨苦命人,自己读了那么多书,欣赏了那么多画,可以把看到的最晦涩的景色变成笔下绚丽的色彩,为什么对自己的人生那么无力呢?不,不是这样的,自己可以应付得来。

这时的梵高脸上像熟透的猪肝,那是酒精劲儿已经上来,耳部

第六章 初被认同：渴望生活，创独特绘画风格

的痛苦稍微减轻，酒精带来的虚幻和飘浮感也让他看到了更多的画面：梵高的意识来到了自己去过的阿尔勒的斗牛场上方，那是罗马时期留下的特有产物。一头横冲直撞的蛮牛正在愤怒地撞向面前手持红布、挑衅着自己的斗牛士。周围观众的观感也被激发出来，纷纷站在位子上嘶吼着、狂叫着。面对着这个癫狂的庞然大物和周围人的围观，斗牛士的征服欲"噌"地冒了出来，他咬紧牙关，仔细闪避着猛兽的攻击，此外，他步履灵活，瞅准时机对准猛兽的要害处猛击过去。终于，随着野兽痛苦的低吼，腹部流下了嫣红。在全场的欢呼和沸腾中，斗牛士按照惯例割下牛的耳朵，围绕圆形斗牛场奔跑接受观众的祝贺和欢呼。意识又飘飘移移，他来到一栋三层小楼，那是自己长大的地方。严厉的祖母正在责罚不听话的小梵高，她一面斥责着这个让人操心的小孩子，一面随手抄起旁边的玩具小车狠狠按在他的耳朵上。而一向奉行严苛教育的母亲跑过来和祖母理论，并心疼地把小梵高抱在怀里柔声安慰着。那时的母亲，是梵高记忆中最温柔、最美好的。

在幻觉中梵高慢慢睡去，蜷缩在地板的身体稍稍舒展开，他内心受到的煎熬稍稍变轻，也可能在幻想中找到了解脱之法。

于是，当半小时后，清醒的梵高无比冷静，他要去找还没走远的高更，告诉他自己才不是一个弱者，而他离开时在背后揣了一把尖刀。而他证明自己的方式是赶上高更，在他诧异的目光下割下自己的右耳耳垂。血液汩汩流下，梵高也倒在地上，在那一刻他仿佛成了成功征服蛮牛、万众瞩目的斗牛士，手中的耳垂正是胜利和英雄气魄的证明。疼痛袭来，这种成就感退去，却被溢出的满足感填充，这样自己就可以再次享受到妈妈、提奥、鲁林和高更的带着体温的怀抱了。

那天晚上的来龙去脉没有人比高更更加清楚，所以现代人对那天晚上的考究主要集中在高更后来发表的传记里。但是考虑到高更是一个冷血现实、道德感薄弱的人，他单方面回忆录的真实性也让人怀疑。在这件事发生后，梵高和高更共同的好友凡尔纳曾经邀请高更讲述当天的情况，并在他的传记里把这天晚上的情况描述了一遍。也许把这两份记录放在一起，重合的部分才是离真相最近的地方。

高更回忆在两人发生争执的晚上，梵高神情突然暴躁起来，在恳求高更留下未果后激烈地指责高更的离去。扬长而去的高更在路途上觉察到有人追随，一转身发现是一脸戾气、拿着尖刀的梵高。为了自我防卫，在扭打中梵高割掉了自己血淋淋的耳垂。而在凡尔纳的叙述中并没有出现梵高手持刀向高更攻击的情节，最可能的原因是高更清楚地知道自己的离去是梵高自残行为的导火索，加入这个情节可以赢得人们的同情，减轻后人对他的自私、冷漠的指责。

清醒后，他把耳朵用纸包裹着跑到自己常去的妓院送给瑞秋。瑞秋虽是一位妓女，但也在梵高孤寂时为他提供了无数的陪伴和安慰，自己的这份英雄气概就送给她当圣诞礼物吧。可是，不是所有的人都那么有艺术眼光，打开纸包的瑞秋大喊一声，晕倒在地。

回到家时梵高的耳上早已涂上了药，也包裹上了纱布，但是一进入家门，那天两个人激烈争吵、自己拿刀自残的记忆仿佛又清晰了起来，像一把把小钢针插向自己的耳朵。出院前还有奢望，希望高更理解自己只是情绪一时激动。可是，空出一大块的房间、突然没有的行李让人不得不承认这个现实，高更真的离开了。黄屋的每个角落都是两个人曾经生活的气息：一起做过饭的厨房、为迎接他的到来亲自装饰的小卧室、一起画画的客厅。自己又将一个人了，那个人宁愿抛弃艺术联盟的梦想也不愿和自己待在一起，尤金和凯

第六章 初被认同：渴望生活，创独特绘画风格

当年也是这样。自己果然是闻之色变的怪物吗？在黄屋里每待一分钟，颓唐和自责愈加强烈。

割过耳朵的梵高相比之前清醒很多，他知道自己性情敏感热烈，高更相对沉稳，两个人的日常生活还算合拍，即使是激烈的争吵也是艺术范畴内的交流和无伤大雅的抱怨，那句"你是对的，船长"怎么听都像对自己的包容。他无比地想念高更，他给他写信，信里全部是最低声下气的措辞："最近好吗？你不给我写信一定是因为我那次把你吓到了吧？对于那次的事情，我承认我当时可能是酒精作用下的冲动，向你表达歉意。""我很想念你，想念咱们在一起生活、画画的日子，也希望咱们一开始设想的艺术联盟还有希望实现。我期待着你的回复。"不过这些信如迷了路的信鸽，没有再飞回接受他的道歉和思念的意思。

梵高安慰自己，高更像一只独鸟，一开始就没打算在自己身边停驻太久，来到阿尔勒纯粹是经济压力使然。想到这儿，梵高稍微好受一点。不过，习惯了陪伴，一个人就难熬起来，尤其是在狂风骤作、只能待在家里的白天。他窝在椅子里一根接着一根抽着烟，烟雾缭绕中思绪更容易变得舒缓。那时，高更也会坐下来和自己一起抽烟，有一搭没一搭地谈着他当水手那些惊心动魄的日子和热情百倍的绘画事业。若有若无的怀念撩拨着梵高的内心。他猛地掐掉烟头，就着印象里的痕迹开始画画，繁忙总是能成功地转移自己的注意力。

一开始，他想把坐在客厅里的高更画出来，可是空空如也的椅子总是无情地提醒自己高更远去的事实。于是，他把心思转到描画高更的椅子上。高更喜欢绿色，也喜欢在室内幽静的环境作画。他细细地在绿色墙面上画出一盏煤气灯。只是棕色的靠椅上面不再是

蜷着腿坐着、觑着眼睛看自己的高更,只是散落的两本小说。

创作的激情对此时的他来说就像镇静剂,画完这幅《高更的椅子》之后,他又动手画了一幅自己的椅子。当时为了节省开支,给高更添置了一个带扶手的靠椅之后,他就给自己随随便便买了一把木椅。在自己最喜欢的阳光下,黄色的楼梯旁一把孤零零的黄椅,上面放着一把烟斗,那不就是自己的象征吗?

画完之后,梵高平静很多,他把这两幅画一起打包起来准备给提奥送过去。在信里,他这样写道:"空椅——有许多空椅,将来还要有更多的空椅……早晚总要除了空椅之外,什么也没有。"自己志同道合的革命伙伴、梦想中的艺术同盟、自己的绘画事业都没有了。

自愿进入了精神病院治疗。阿尔勒是他这么多年内唯一一个自己愿意长久生活的地方,可是最终还是避不开远离的命运。

第六章 初被认同：渴望生活，创独特绘画风格

「五」
阿尔勒医院的寂寥

　　梵高所在的阿尔勒医院从外形上看，和普通的公寓相差无几，实际上是一所精神病院。你只需在院里多走几步就可以察觉这一点：流着涎水的高个子、抱着一个棉花娃娃呼天抢地的妇女、自言自语的老人、拳打脚踢的小伙子、拿着镇静剂和麻醉剂匆匆跑过的医生和护士，这一切都给这儿的空气染上了歇斯底里的色彩。

　　在不发病的时候，这里的人还是正常人的模样，插科打诨，嬉笑怒骂，一副其乐融融的样子。然而，一旦一个人发病，平时温顺和友善的外衣就被撕去，变成了一个充满戾气的人。奈本是一位脾性善良的普通工人，可当他看到平时甜蜜依偎在自己怀里的女孩在一位富豪身边你侬我侬时，他的忌妒心伴着躁狂一起发作，操起从厂子里偷来的铁锹把两个人打了个稀巴烂。要不是路人及时发现叫来了警察，那两个人肯定要丧命。对于这段历史，奈十分骄傲："就算我躁狂不发作，我也得好好教训下那个臭娘们儿，我当年为了她可是省吃俭用，供她和她的妹妹生活。她竟然这么对我。"

　　同样源自女性的挫败经历让梵高对他有了种天然的亲近感，感情迅速升温。后来，他又陆续认识了因被继父性侵而精神分裂的乖女孩伊莲，以及患有抑郁症的菲恩。当看到这些活泼可爱（当然指

没有发病时）的小东西，梵高艳羡他们的青春，又怜惜他们的异常，那种救赎感又本能地迸发出来。他会召集孩子们陪他一起去后院，一起享受阿尔勒有的风，呼啸而过的云层，被吹向一边特别有艺术感的柏树。他引导他们观察这些美景的色彩，在心底描摹别样的轮廓。画画之余，他会拿出自己珍藏的书籍，为他们做一个宣讲，讲文学艺术充满靡靡之音，讲自己喜欢的莎士比亚和伦勃朗作品里的律动，讲自己在矿下的生活，讲自己喜欢的弟弟。虽然他们有时理解不了自己的话语，但作为听众他们足以让梵高感受到被需要、被接近的存在感。

阿尔勒医院的医生和护士也加入进来，成为他的追随者。梵高这个病人并不像其他的病人一样整天骂骂咧咧，愤怒不已，或有颓废报复毁灭一切的破坏力。他沉稳冷静，目光礼貌而坚定，活脱脱一位中产阶级的形象。平时的生活规律而平静：散步、写生、看书、写信、聊天，几乎不为工作人员带来麻烦。他的画作虽然不受欢迎，但颜色鲜艳，主题也很贴近自然，不像一些画家的画或华而不实，或淫靡不堪。

雷大夫身材魁梧，声音洪亮，这也许是长期待在精神病院的必然收获。但是，这位看起来很粗犷的男人却十分细腻，愿意并懂得倾听人们心里的弯绕心思。当那些人变身为躁狂恶魔时，雷大夫循循善诱的话仿佛就是驱魔者的铃铛，引导他们返回俗世。雷大夫很喜欢梵高，一方面是这个病人省事，另一方面是因为自己曾经也是艺术爱好者，考虑了现实因素放弃那种颠簸不已的路，选择这条平稳的道路。只是，自己终究是理想主义者吧，不然也不会在医生的各种分类里选择精神病医生这个最不平稳的一类。

这时，雷大夫正在看着桌上的梵高的《向日葵》，昨晚查房看到

第六章 初被认同：渴望生活，创独特绘画风格

这幅画时，瞬间觉得整个精神病院的角落都被这些花朵点亮了，那种色彩的跳跃和外形的奔放让他当即提出要借回去好好观摩一下的要求。这幅画生机勃勃，真的来自那个看上去木讷的男人手里吗？他真是一个奇特的气质结合。正这么想着，梵高推门而入。雷大夫看了看怀表，时间是晚上 7 点，正是两人约定散步的时间。雷大夫笑了笑，和梵高一起走出办公室，走到院子里。

"梵高，我刚刚一直在看你画的《向日葵》，我记得莫奈也有一幅很有名的《向日葵》，你这幅画是受他的影响吗？"

"您记性真好。不错，他是有一幅这样的画，不过我画这个的灵感更多来自阿尔勒的大片花田和阳光。如果你去过海牙和巴黎，你就知道地中海的阳光和那些阴惨惨的日头相比是多么难得。"

"是啊。这也是阿尔勒送给你的礼物。来到这儿怎么样，生活得还顺心吗？"

"顺心。我对外界环境并不是太在意，当年我在暗无天日的矿下和空无一物的黄房子里也生活得很不错。更何况，这儿有修女帮我收拾房间准备食物，实在是太棒了。和生活相比，我最在意的是自己画画时的状态。"

谈到画画，梵高的语调明显高了起来，但雷大夫的眉头开始紧了起来。

"说到画画，最近怎么样？还在找状态吗？"

梵高耸了耸肩头："不太好，自从上次我做出那件事后，我的冲动仿佛都被耗尽了，我现在提起画笔根本就没有头绪。"

"这很正常，人不可能在任何时候都保持兴奋。在经历过那样的疯狂后，确实需要一段时间冷静调整下。休息一段时间吧，放空心灵，等恢复之后再开始画画。"

"但愿是这样。绘画确实是一件燃烧心力的事情。"

"但也是一件很有成就感的事情。当你铺开画布,拿起画笔,你不觉得像个君王吗?世间的一切都像匍匐在你的脚下,颜料和画笔等待你的差遣,准备把这些鬼斧神工的美景搬到画布上。"

"对的。我也有这种想法。所以我一直不喜欢那些现实派的老家伙,一心只想着把百分百逼真的自然搬上来。人,绝对不是自然的奴隶,而是主宰者,应该把自己感受到的自然画上去。"

"哈哈。怪不得我看你的画会想起莫奈,原来你和他一样走的是印象派的路子。"

"也不算纯粹的印象派,印象派的画太过在乎朦胧的感受,我却想看我画的人能受到最强烈的触动。"

"其实我以前也想做一名画家的,但是因为现实因素还是做了一名医生。哦,我听说伦勃朗有一幅说医生的画,我倒是好奇他的笔下是怎么描写我们医生的。"

"你是说《解剖课》吧?那是他在医院待了一段时间画出来的,笔触特别真实。您要是想看,我可以让提奥下次写信过来时寄铜版的复制画,让你带回家好好欣赏。"

"真的吗?那真是太感谢了。"

"没什么的,提奥是画商,拿到这个很容易,而且他也经常给我寄这个东西的。对了,"梵高好像想起了什么,"雷医生,你不是很喜欢我的那幅自画像吗?要不要我为你也画一幅?"

"可以吗?那真是太好了。把它挂在我的办公室里当活名片,想想就觉得开心啊。只是你现在这个状态是不能画画的啊!"

"没关系,我可以先画一些静物的练练手,然后开始画你的肖像。"

"那真是太棒了。"

第六章 初被认同：渴望生活，创独特绘画风格

就这样，在一次次小心翼翼地交流和来往中，梵高在精神病院里也找到了自己的精神知己。

"梵高，有你的信件，放在这儿了。"鲁林被提拔到了马赛，特意来向梵高告别，也为他送上经由他手的最后一封提奥的信。

一开始，梵高还是如往常一般和鲁林夫妇一起吃饭，聊天，憧憬未来。快到尾声时，梵高突然泣不成声："唉，你们也要走了，就留下我一个人在这小镇上了。以后提奥的信再也不能通过我的好朋友之手送给我了，可能只是随便地扔在花园里。再没有人为我做模特了，没有人和我喝酒聊天了。你，你带着你的家庭走了，而我，我什么都没有，只能留在这儿，不知道在守些什么。"梵高越说越伤心，最后竟然像一个小孩子呜呜地抽咽起来。

鲁林夫妇知道梵高一路的不易，并没有露出吃惊和嫌弃的表情，只是拍着他的肩膀安慰着他："我们可以时不时回来和你相聚啊，又不是调到很远的地方。梵高，你要相信你做的是一项高尚无比的工作，虽然现在遇到了困难，但再坚持坚持，也许过不了多久，事情就会有转机呢。"鲁林夫妇没有受过多少教育，安慰梵高的语言十分直白，但对于在自己形而上世界里横冲直撞的梵高来说，这些质朴无华的话反而让他十分安心。他克制自己的哭泣，紧紧抱住了快要离开的鲁林。

鲁林要走时，梵高顺势把信拿了过来，不知提奥又送来什么好消息。

"啊，是提奥写的。他又给我寄钱了，100法郎，这下下一次的画笔和画布就有着落了。哦，他还说……"

话突然停了下来，手里的法郎也掉了一地。

"怎么了，梵高？"

"提奥，提奥要结婚了，和他的女友乔安娜。"

"这是好事啊。"

"啊？是啊。终于要成家了呢。可是，成家之后他肩上就担着三个人了，再负担我会不会感到吃力？乔安娜会不会觉得家里的一部分钱要留给我，是一笔沉重的开支。最重要的是，我这个哥哥，会不会从此就不重要了呢？"

梵高一开始还是望着鲁林，一副询问的语气。越说下去，眼神就慢慢变低，也黯淡下去，到最后完全就变成自言自语了。鲁林看到这个样子的梵高有点害怕，忙走前两步拍了拍梵高："不要担心，提奥会永远把你当作亲爱的哥哥的。"

"结婚了……结婚了……他有乔安娜了，马上就会有属于自己的孩子了。他的生命完整了。"

在精神病院看过那么多疯癫的病人，旁边的室友奈知道梵高因为提奥的婚讯给他带来了刺激，于是就刻意地转移梵高的注意力。

"哎，对了，上次你说要带我去后院看日落的，你说那儿的比巴黎的还要美。走吧，你带我过去。"

"日落？"梵高有点恍惚，自言自语，"对啊，这儿的日落很……美。"于是一步步地跟着奈走了出去。

奈为暂时消除了危险出了一口气。可他没想到更大的暴风雨还在后面。梵高猛地蹲下来，紧紧地抱住自己的头，仿佛能用力从中抠出某个答案。接着，他就开始念念叨叨，时而阐述事实，时而激烈指责，显然在与幻想中的某个人争执。

"啊，对了，提奥已经结婚了，没有人再供我生活费了。这也没什么，一个男人总要结婚，总要建立家庭，不可能像我这样一事无成。"说到这儿，梵高一脸颓唐。

第六章　初被认同：渴望生活，创独特绘画风格

"没事的，就算他不支持我了，我现在在坚持画画，已经积攒了很多画作，我可以去卖掉，然后用卖来的钱支付房租。"

"啊。虽然我是到现在一幅画都没卖出去，但是我画画的技巧一直在提高，而且也在坚持作画。总有一天，我会卖出去。而且不止一幅，我会成为一个经济自足的人。拜托你，相信我吧。"

"凭什么相信我？你不能只根据过去的结果来判定一个人，你要看他的努力和他的潜力。"

就这样，梵高絮絮叨叨地劝告着那个假想中的反对者，仿佛也是在给自己打气。奈和鲁林夫妇看着，只感到一阵心酸，这个画痴真是把生命都献给绘画了。

「六」
告别阿尔勒

从医院回来之后,黄屋子还留着几天前那场激烈战斗的痕迹。地面上的血迹、床上掀起的床铺、四散的杂志和画作都让梵高想起那次疯狂的发作。他捂着耳朵,痛苦地闭上眼睛,似乎想要忘记又想逃避。

从一进入屋子,他就察觉到了黄屋的不同,不再有人用一本书、一幅画、一个冷菜或者一句犀利的话迎接自己。直觉告诉自己,高更已经离开。他默默走进高更的卧室,果不其然,他曾经笑称高更到死都会带在身边的击剑面罩、他的水手服和一些新画作已经不见踪影,原本放着衣服的床也空空如也,狭小的小卧室一下子空旷了很多。只有墙上挂着的为了迎接他画的向日葵和高更自己淘来的小装饰品证明这个屋子中曾经有过欢乐的相聚。

梵高闭上眼睛,眼泪不自觉地流了下来。他没去在意那些泪水,只是在脑海中不断回放这两个月的点点滴滴,有志趣相投,有兵戎相见,也有和平相处、飞速创作的记忆。究竟是哪个环节出了错误,让高更不仅不愿意住在这儿,而且连自己生命垂危都不来探视,甚至不告而别?这一切发生得太猝不及防,让梵高反应不过来。

罢了。高更的画作已经开始被艺术圈接受,卖了前几幅画就意

第六章 初被认同：渴望生活，创独特绘画风格

味着顺畅的艺术道路就此打开。而且，他那个人是不会苦着自己的。他的下一站，不知道是去南美或者是非洲呢？梵高想到这儿，神色稍微亮了起来，他缓缓走出去，锁上了这个卧室的门，留下那盆茂盛的金黄向日葵在墙上坚强地燃烧着。

梵高体形瘦小，穿衣邋遢，身上因长期吸烟和喝酒散发着一种很浓重的味道，让接触他的人掩鼻而过。而为了摆脱长期绘画事业的不如意、经济的不独立、爱情的不顺心等带来的负面情绪以及打发高更离去的孤独时光，梵高不可自拔地又重新染上了酗酒的毛病。有时候在酒吧，他会把一杯杯的苦艾酒喝下去，直到意识上那些深刻的疼痛变得模糊起来；有时候他会抱着酒瓶跌跌撞撞地边走边喝，直到醉倒在自己黄屋的门前。

他成了那些生活无聊、喜欢恶作剧的男孩子打发时间的对象，那些男孩子会对着他吹口哨，然后指着混沌不清的他哈哈大笑。他们还会向他身上扔垃圾，咒骂着："醉鬼，又脏又臭。"然后看着笨拙躲避的梵高哈哈大笑，呼啸而去。

周围的人对梵高的排斥远不止孩童的恶作剧。2月17日，也许被割耳朵的疯狂梵高吓到，拉马丁广场的邻居们忍受也到了尽头。他们联名向阿尔勒市长写了一封请愿书："伍德先生，我们怀着敬意告知您，暂住于此的荷兰风景画家文森特·梵高，在过去的一段时间里很多场合的举动已经表明他无法掌控自己的心智。他沉溺于酒精，醉后又十分兴奋，根本不知道自己在做什么或说什么。他的错乱使这儿的每一个邻居都担惊受怕，尤其是女人和孩子们。我们建议，强制梵高先生回到家乡，让他的家人照顾，或者进入疗养院接受治疗。"签署者有黄屋的房东贝尔纳索尔、杂货店老板玛格丽特、一位女裁缝，甚至还有那位自愿为高更和梵高担任模特、一直和梵

高保持良好关系的约瑟夫·基诺夫人。

　　这天，梵高并没有像往常一样早早起来散步、洗澡和写生。由于前一天晚上的失眠，他的精神并不是很好，只是睁着眼躺在床上休息。这时，传来了规律而响亮的敲门声，还有隐隐约约嘈杂的说话声。梵高披上破旧的大衣，踢踏着拖鞋蹒跚地走到门边，发现站在门口的有身穿制服、神情肃穆的大宪兵以及这一年来和自己相处的邻居们，他不禁露出了困惑的神情。

　　"文森特·梵高先生，我是宪兵队队长约瑟夫，很遗憾地通知您，市长办公室收到拉马丁广场居民的请愿，说您在大部分时间神志并不清楚，您的存在和生活可能会对这个街区的人产生危害。所以，我们已经把您的住处查封，而且我们建议您尽早搬进疗养院接受治疗，我们可以为您联系合适的疗养院。"

　　约瑟夫宪兵脸上一副公事公办的表情，但也掩饰不了冷漠和疏离。见识过自己发病的疯狂后，梵高对这一突发事件不仅不吃惊，反而十分冷静。只是，当他的眼神扫过宪兵身后的和他相处过的拉马丁的居民们，他还是感觉到了一种深深的悲哀：这些人都或多或少和自己相处过，是在阿尔勒地区仅存的熟人或者说"朋友"，但不管自己内心多么想融入，自己终究是个被排挤、被嫌弃的局外人。

　　沉默了一会儿之后，梵高反身关上了门，留下一句极为冷静的话——"再给我一个月，我要来收拾收拾我的行囊"和一个佝偻的缓缓行走的背影。

「七」
彻底离开黄屋

梵高把自己的画作打包寄给了提奥和自己的母亲,彻底搬离了黄屋,十分平静地接受了自己的新角色——神经病院里被监视的病人。

在梵高看来,这儿的工作人员敏捷矫健,其专业程度不输于潜伏在某个国家的特工。他们大多身材高大威猛,这是精神病院工作人员的统一身材。他们穿着一致的黑色服装,分散在精神病院的各个角落,像一个个无言肃穆的黑色大柱子。他们之间没有过多的交谈,脸上也看不出有什么明显的表情,只是像磁铁一样盯着那几个重点目标。一旦情况发生就立即赶上去,用警棍和蛮力让病号镇定下来。

他们自从接手了梵高这样一个危险分子后,更加是严阵以待,使出自己的浑身解数。他们在梵高的门口站着,他有任何想离开房间的冲动,就会有人上来盘问。他们会先直接盘问梵高的出行动机,听了梵高的回答后还会仔细考察梵高的眼神和小动作来判断话语的真伪,那阵势绝对不输于哪个任教的行为心理学家。然后,他们从今天的天气一直问到自己的绘画历程来证明自己今天的神志清楚。不论梵高怎么向他们解释自己并没有什么问题,上次只是意外的发作，他们都是按照统一的官方口径回答，"这些东西请你去和精神病院的医生去说，我们只是按照规定来看守你"。很多情况下，这么一番盘问后，梵高出去的热情被浇熄了，乖乖地退回到自己的房里。

梵高的酒和烟、画笔、画布也被拿走，因为他人认为这些东西是促使他情绪激动和精神病发作的主要原因。每天的固定时刻，他们会断端进来瓶瓶罐罐，让梵高吞下去。他们周身散发着肃杀的气息，让你觉得你精神有点问题、麻烦了他们简直是天大的罪过。

当然，梵高也能看出他们这看似威慑性的举动中，其实也有一些小心翼翼的提防。因为一旦梵高在辩解时情绪稍微激烈一点，或者声音提高，哪怕什么都没做，他们都会显露出某些恐惧，快速离开房间，只留梵高一个人。毕竟他们知道梵高有在病发作的时候割掉自己耳朵的黑暗历史，他们也害怕受到刺激后做出什么冲动的举动。梵高又好气又好笑，他觉得自己确实是有一点病，但被像对犯人一样关在这里总是做得太过分了一点。

当周围人都以一种"你是疯子"的眼光看着你、躲避你甚至辱骂你时，你自己有时候也会打一个激灵，然后扪心问自己是不是众人皆醒我独醉，一直没意识到自己真的是个疯子。梵高这时候也是这样，他不再像以前那样一点不在乎外界的看法，他认真地把这一阶段的画作摆成一排，仔细审视自己不发病时候的画作，在心里按照正统的艺术标准评价它们：构图没有问题，只是稍加创新，色彩也没问题，甚至更加出色，选材也没有问题，这些画贴近自然和人类啊。这些画作仿佛一位位雄辩的证人，帮助梵高又找回了点自信，自己应该是没问题的，疯子能画出这样的画吗？他也认真回想着他的每一次发病的缘由和症状，每一次基本上都是因为有一定的刺激，症状除了那次割掉自己耳朵之外好像也没有很多暴力的举动，只是

第六章 初被认同：渴望生活，创独特绘画风格

有一些现在记不太清的幻听、幻觉。可是谁受刺激时不会做一些少见的举动呢？自己的行为好像也不是太出格。

这样想通了之后，梵高就接受了现在的一切，他的心神出奇地平静。他会利用来之不易的外出机会给自己买本新上市的小说，在纠葛的情节和生动的环境中暂时忘记自己周围的一切。他也把自己最喜欢的两位艺术家——德拉克罗瓦和日本版画家丙寅的《哀悼基督》《草叶》挂在墙上，为这个阴森的囚室增添了一抹亮色和文艺气息。

在纠结着自己是不是疯子的时候，两个朋友的先后到访为这儿的生活增添了一点亮色。

一位是在法国颇有名气的天才画家西涅克，他是在收到提奥的来信后才知道梵高的境况，主动要求来看一看他的这位同行。割掉自己耳朵、在精神病院里发作、被街道居民联名告发的梵高早已成为家喻户晓的名人，保罗在去见他的路上也有所耳闻，他对老朋友的状态忧心忡忡。

3月26日，西涅克来到在精神病院表明自己的身份和来意之后，成功地带给了梵高一个出行的机会。作为同是画家的他，最了解梵高心里最想做的事情，保罗主动提出去和宪兵协商，允许他们进入已经查封的黄屋参观。协商失败后，对梵高画作十分好奇的保罗鼓动梵高趁守卫交班，强行进入了黄屋。登上二楼，堆积如山的画作数量让保罗既震撼又羡慕，那是来自一个同行艺术家发自心底的钦佩。《向日葵》《卧室》《吉诺夫人》……一张张色彩艳丽、构图独特的画也让他赞不绝口，类似"绚烂""奇特""出色"的词也不能完全表达这些画带给他的震撼。而相比于以前一提到画作就侃侃而谈的激情，现在的梵高十分低调，只是微微点头表示对这份欣赏的回应。

从黄屋出来，西涅克把他带到了自己的画室，这让身处精神荒漠的梵高欣喜若狂，在这种类似放风的情况下还能吸收艺术营养，简直太棒了。

西涅克的性格十分沉静沉稳，和梵高十分不同，所以在他旁边，梵高很自然地感受到了一股镇定但又不失亲近的气息。

"我的朋友，听说你最近精神不妙，现在还有什么问题吗？"在去画室的路上西涅克发问。

"唉，他们认为我是疯了，非要把我安排在这儿，每天看守得特别严格，画画、抽烟都不能进行。可是我自己觉得，自己只是有的时候容易激动，或者行为举止和普通人有点不一样，整体并没有什么大问题。"

"是啊，咱们搞艺术的有的时候力量一上来，或者画画得兴奋的时候，总会和常人有些不一样的举动。你既然来到这儿也不要想太多，就当多一个体验生活的机会好了。"来到画室，他一边轻轻地说着，一边给梵高端茶倒水，拿出自己最近在忙的画作。梵高最近一直比较纠结的事情在他的嘴里就这么轻描淡写地过去了，这让梵高有一种莫名的轻松和愉悦。

"是啊，说实话，我现在并不担心我这个。疯子怎么了？雨果等很多艺术家不都曾经在疯人院待过，他们的作品不照样是闻名天下？我现在对他们强加的这个疯子角色也没那么在意了。我的身体应该也没有太大的问题。我现在主要担心的是，自从这件事发生，我已经好几个月没有画画了，你看，我的画笔和画布也被人收走了，现在估计都要长毛了。"梵高看他满画室的作品，不无羡慕地说。

"没事的，每个人都有工作的高潮期，也有创作的瓶颈期，遵循自然规律就好。等你什么时候感受到那种冲动，就是那种不得不画

第六章　初被认同：渴望生活，创独特绘画风格

画的冲动，你就自然开始画画了，而且画得肯定也不错。"他就像一位经验丰富的智者，继续劝着梵高。

"对了，你搬到这儿来，那你在阿尔勒创作的画是怎么处理的呢？"他提了个比较实际的问题。

"哦，一部分让别人送到了这儿，一部分还在那边的仓库堆着，还有一部分已经分批寄走了，现在应该在提奥的家里或者他的办公室吧。我在信里也和他说，他可以帮我整理整理，找找买家，实在不满意的就可以扔掉。"

"提奥让我看过你最近的画，觉得你和原来相比有很大的进步，色彩和怎么构图都明亮简洁了很多，可能也是在向印象派画家看齐吧，但也能看出你有你自己的想法。这样吧，你以后画的画可以放在我这儿，我可以帮助你收藏或者如果遇到喜欢你画的人，我可以帮你卖掉，这毕竟也是一条宣传途径嘛。"

西涅克友好的提议让梵高感动不已，他看着西涅克的画，郑重地点了点头。

"你和修拉在点彩上还真算志同道合啊。我和他也见过面，是在印象派画展展出他的《大碗岛》那儿。"

"是啊，那是他的成名作，我们两个确实私交也不错，艺术见解恰好也一致，所以走得近一点。"

"我曾经向修拉学习过你们的点彩法，很容易操作，用彩笔棒描出绘画的轮廓，然后再不断描画这些圆点，并在圆点周围不断铺上相近的色点，打造成彩色毛玻璃的效果，颜色艳丽而且让人能明显能认识到颜色的差异。"

"那你没继续追寻这种绘画技巧，一定是觉得有什么缺陷吧？"

"缺陷倒不至于，你们在点彩法上的成就也不错啊。我只是觉

得自己并不是心思细腻的人,你看我所有的画,笔触都是很粗糙的。我画画速度也很快,有的时候一幅画十几分钟就画完了,没有那个时间去细细描摹,实在不适合这种技巧。"

"嗯,条条大路通罗马,只要找到自己适合的风格就好了。"

"亲爱的梵高,和我一起到卡西斯去吧。在那儿,你不用担心住宿和饮食,周围的人不认识你,也不会打扰你的创造。最重要的是,咱们可以在一起创作,画下卡西斯的美景和内心感受。我们相互学习借鉴,这是多么棒的事情啊!"

梵高内心淌过一丝悸动,去年这时的自己不正是抱着像保罗现在的热情和期盼来到这儿,装饰黄屋、绘画不辍、努力和高更一起生活,以求建立一个先锋艺术家的联盟,把南方打造成一个新兴艺术中心吗?可是,一年过去了,自己沦落到什么地步了呢?身体残缺不全,精神病时常发作,逼走了自己的绘画挚友,连周围邻居看自己都是一副过街老鼠、人人喊打的姿态。

如今,保罗愿意接受自己,实在让梵高感动,不过他现在对自己日渐怀疑,不敢再去冒一次险了。所以,他不无伤感地握住保罗的手:"谢谢你,亲爱的保罗。你描述的生活我非常向往,不过这一年的生活让我对自己怀疑不已。也许等我们生活在一起,你会厌倦我、讨厌我,和我争执或打斗,就像高更和我一样。到时候不仅拖累了你,还毁了咱们的友情。还有,我现在是个精神残缺的人了,我可以肯定那些精神波动还会发作,我还是到专业的地方让他们照看我吧。"

"你说的这是什么话?身为朋友,当然要互相包容。你有缺点,高更有缺点,我也有。我们只需相互磨合就好了。你真的要长期住在疗养院里吗?那你不画画了?"

第六章 初被认同：渴望生活，创独特绘画风格

"嗯，这几次的发作把我也吓得不轻，等我神志清楚时我根本不知道发生了什么，我也害怕还会有什么更糟糕的后果。所以，疗养院是个比较好的选择。"梵高的眼神异常冷静，仿佛"去精神病院"是在叙述与他不相关的人的故事，"至于绘画，它是我的生命，我不会中断的。只是，最近有点疲惫，还是需要歇息一段时间。"

"那么，好朋友，保重吧。"保罗重重地握了握梵高的手，踏上了回家的路，只是他不知道这次离别竟成为两人的永别。

另一个让梵高喜出望外的来访者是邮差鲁林。他绕过看守的层层审查和怀疑，给梵高带来了一瓶酒和来自远方的问候。"鲁林，你终于来了！我好想念你啊。"

"是啊，好久不见了。自从搬到马赛后，咱们就没见过了。这一段我很忙到现在才有时间看你，真是苦了你了，很抱歉。"

"没事的，我知道你到那边的生活也很忙。你在马赛还好吗？凯、安和艾莉他们都还好吗？"

"也谈不上什么好，还是有很多的负担。我这份新工作是在海港上巡逻。收入不高，而且政府为了促进财政，也计划着要削减人手，很有可能再次失业呢。安和凯也到了该上学的年龄，艾莉的身体也不好，所以每个月也是有很沉重的经济负担呢。"

"鲁林，我听到这些也很遗憾。要是我是你估计早就被压垮了，哪有你现在这种精神头？"

"是啊，那是因为我想得很开，我对生活的要求又不高，我的家人也很理解和支持我，只要一家人健健康康、平平安安地在一起，我就没有其他的奢望了。而且生活中也有很多很有意思的事情啊，比如说和一些好朋友重逢，比如说只需在一个地方巡逻不要东奔西走地漂泊，这样一想，我们这个人生也没有那么艰辛啦！"

"真羡慕你的这种心态,如果我能像你这样拥有半点,我也不至于像现在活得那么累。"梵高边和鲁林一起喝着他带来的酒,一起交流着人生体悟。

"你和我又不一样,你在绘画上面有天赋、有兴趣,成为一个有名的画家是你的梦想,那干吗不趁有生之年去试一把?"

"对了,你说我现在应该怎么办?他们要把我阿尔勒的房子卖掉或租给其他人。你也知道那个破房子以前什么样,如果不是因为我辛辛苦苦地改造,到现在它肯定还是没有暖气、破旧不堪的旧房子呢!可是我刚刚有事情离开,他们就要把它租给或拍卖给其他人,这样想着我就觉得我的财产被人家拿走了。"

"别这样想吧,你在阿尔勒是一个过客,那儿就不是你的归宿,不投入那么多感情就不会受到那么多的伤害。再说,房子是他们的,我们也没有权利去管主人对房子怎么处置。只是下次再租房子的时候注意点,不要再出这样的问题就好了。"

"好的。唉,不知道为什么,当时和你在一起的时候,咱们还相安无事,我的绘画灵感很高涨,以为终于找到了适合自己的画法和作画的地方,你们一家在这儿活得也十分安逸。不然为什么这一切会突然发生,我就这样被送进了疯人院,而你因为失业流离到了马赛。"

"其实,这个世界上各个地方都是这样的。现在经济不景气,很多产品卖不出去,很多人都面临着失业的风险和生活压力,人们除了把这些压力发泄给他的家人和朋友别无他法,这也就导致人际关系和市场环境恶化的恶性循环。其实换个角度想想,你来到这儿也许能够找到新的创作灵感,我在马赛现在也很开心,突来的改变未必是个坏事。只要我们自己做好分内的事情,保持心情愉悦和关系的和谐就好了,所以,每当你不愉快心情不好的时候,你要知道我都在你的身边。"和鲁林在一起时，梵高的心情总是特别愉悦，因为他总能从鲁林身上找到一种大智若愚、无微不至的父亲的感觉。他十分庆幸也很感恩，在父亲过世之后还能有个人为自己带来类似父爱的那种温暖。

在接受了自己有病的现实后，梵高转到了离阿尔勒很近的圣雷米修道院，在那儿接受精神病治疗。

第七章 恋爱婚姻

一生不幸,曲折的感情经历

很多成就等身、蜚声内外的艺术家并不是理想的生活伴侣，因为要取得那样的艺术成就，他们必然有敏感的神经和强大的艺术专注力，因而会放大生活中的一些小矛盾和挫折，忽视琐屑的生活细节。艺术家的性格也都有个性鲜明、与流俗格格不入的副产品。所以，艺术家们适合远远地崇拜，靠近并且在一起生活需要女方具有极强的容忍度和奉献精神。不幸的是，梵高血气方刚时没有遇到这样的人生佳侣，待到后来遇到一个这样的崇拜者，他早已没有气力去爱、去付出。没有稳定的家庭，只有一些露水相处的妓女感受到这个男子的特别，给尘世的梵高带来些许陪伴。

第七章　恋爱婚姻：一生不幸，曲折的感情经历

「一」
无疾而终的暗恋

在刚刚到达伦敦的梵高眼中，自己在伦敦的新开始还算顺利。工作是每天早上 9 点到下午 6 点，和顾客们打交道推销自己熟悉的艺术品还算得心应手。每周六休息一天，下班之后的生活也是值得期待的，闲暇时间应着英国的同事的邀请可以漂流在泰晤士河上，欣赏这个古都的内敛和优雅；他也常常在下班后随意地从威斯敏特教堂踱到某一个巷子，看着穿着风衣的英国人走来走去，感受他们的日常生活。

而且，梵高十分幸运地租到了现在居住的这个地方。此地躲在伦敦南部布里克斯顿街区的最里面，地理的幽僻赋予了可贵的宁静和清新。自己童年时的房间有着倾斜的天花板和令人抑郁的、带绿色边的蓝纸，简直是一场噩梦。而现在的女房东为自己提供的小房间却有着米白素雅的装饰和安静幽香的床上用具，这让初到异地的梵高能够释放焦虑，享受一个安稳的睡眠。更让梵高心满意足的是，房东允许自己在屋外白色栅栏围着的小花园里种一些自己喜欢的植物。梵高专门去了一趟草木市场，选择了罂粟和豌豆，它们一旦开花，可是很好的素描素材呢。

房东一家也让梵高加深了对伦敦这个城市的良好印象。房东是

一位约莫 50 岁的妇人，早年丧父，一手把自己的女儿尤金·莉娅和儿子拉扯长大。她丰满的身体仿佛像一个鼓起的磨盘，不竭地运作着为自己的家庭提供度日的口粮。她利用家里的空间开办了一个幼儿学校，自己教授数学，而活泼开朗的女儿教授文法。生意虽不说十分火爆，但因为周围街坊的信任，他们的日常生活也不至太差。这个热情朴实的家庭把梵高当成了家庭一员，怕梵高孤独吃饭游玩时都热情邀请，梵高也渐渐与他们融为了一体，只是他没想到这种亲密会让本该平淡的人生波澜万丈。

刚刚进入伦敦古比尔画廊的梵高如进入花房的蜜蜂，惊叹于这儿艺术宝藏的丰富，贪婪地吸收着这些营养。他也延续了自由养成的看书、画素描的习惯，因为他坚信通过提高自己的文学绘画素养，会培养对画作的欣赏力，这样可以为客户推荐最有欣赏价值的画作。

在伦敦的日子繁忙而充实。他勤勉认真，每一个在画廊里擦拭、护理画作的动作，都充满虔诚；他底蕴深厚，目光独到，给顾客的建议专业而让人信服；他待人真诚，总根据客人的预算、需求和喜好提出中肯的建议，并不会油腔滑调或者开一些空头支票。总之，充满热情的他和那些在这儿混饭吃的人一点都不同。而他的努力付出也得到了回报：刚开始的几个月，梵高的销售业绩遥遥领先，越来越多的客户成为他的回头客。店长非常高兴，在某个快下班的时间，他拍了拍正在认真誊写画作存货的梵高说："干得不错，继续努力，下个季度我可以给你涨工资，这样不出多久你就可以在伦敦站住脚了。"

一天，梵高回到家中，发现尤金·莉娅被两个小男孩围着，满脸通红，神情尴尬。

"怎么了，需要帮忙吗？"

第七章 恋爱婚姻：一生不幸，曲折的感情经历

"梵高先生，您来得正好，这两个孩子今天看到书上的画像，非要我也给他们画一幅，我教语文还行，哪里画得了画，真是急死我了。"

"哦？有什么要求吗？"

"就是最简单的素描就可以了，这两个小孩子也不知道什么时候对画画那么感兴趣了，真让人吃惊。"

"要不，我来试一试吧。"梵高说着仔细地看了一会儿两个小孩子，从自己的包里掏出素描本和铅笔，简单地勾勒几下，一个肤色很白的小胖子、一个瘦高瘦高眼珠滴溜转的鬼精灵跃然纸上。梵高撕下素描，交给两个惊喜狂叫的小孩子，成功地把他们打发回了家。

"啊，真没有想到您画画还么娴熟，我以为您只是在高比尔介绍销售画作的呢，这次真是谢谢您啊。"尤金·莉娅一脸不可置信地表达着感谢。

"这没什么的，我从小就喜欢画画，平时也坚持画些素描，现在的这份工作和自己的兴趣爱好也算相关。"在画纸上热情挥洒的梵高面对着女性突然展现出了拘谨，他微微低着头，把眼神固定在自己还留下铅笔痕迹的素描本上。

仿佛是为了打破这种尴尬，尤金·莉娅主动提出："是吗？那不知道我有没有荣幸欣赏下您的大作呢？"

"当然，欢迎！"对她会提出这样的要求，梵高有些诧异，但还是热情地把她引入自己的房间和自己的工作室。

小小房间的桌子上和墙上到处都是平日里为了记录心情的素描，这让少女大吃一惊。在看了几张花园、小屋和锅碗的静物画之后，她就断定面前的这位画画十分了不得，有了向他学画的打算。

尤金·莉娅说起话来叽叽喳喳像只小麻雀，脸上总是洋溢着兴奋的红色，此时穿着白色连衣裙的她却安静地欣赏着自己的画作，

宛若一幅静止的美妙油画。望着她,梵高的羞涩和矜持又少了一分,心底的暖意慢慢流淌。

从此,梵高下班回家后的功课又多了一项,那就是教尤金·莉娅画画。刚刚过 18 岁的她悟性很高,不用梵高花费很多精力,就学会了那些画素描的小技巧,一来二往,梵高其实并没什么可以传授。不过,两个年龄相仿的年轻人总能找到交流的话题:梵高工作时遇到的有钱太太买画的趣事、尤金·莉娅教孩子的经验和教训、对旅行的看法、对妈妈的态度……渐渐地,他们的距离越来越近:梵高在情绪激动与人争执时经常红脸,尤金·莉娅就亲昵地给他取了个"红脸先生"的绰号,而梵高也感到十分讶异,在她面前,一向羞于在陌生人面前讲话的他也能滔滔不绝地表达自己的喜怒哀乐了。

渐渐地,梵高发现这个小姑娘在自己生活中所占的比重越来越大:每天一睁眼就想看到她,一想到能够和她一起吃早饭,就觉得这一整天都充满了光彩,哪怕这天是伦敦常有的阴雨雾霾;在和客户推荐阿莱谢菲尔的《喷泉旁的马尔格雷特》时,"画家把喷泉的晶莹剔透和女孩的纯洁融为了一体,蕴含对爱情的强烈向往",会不自觉地想到家里那个总拿自己开玩笑的女孩子;读到米歇列的"爱情,像一本福音书,是一次革命",他会不自觉地联想到自己这样一个木讷的人也好像被爱情改造了;而自己在凝思窗外寻找素材的时候,看到的树叶和花瓣都幻化成她明闪闪的眼;看不到她的时间里,吃饭、工作和睡觉都变得索然无味。

梵高并没有过感情的经历,他对感情所有的认识来自从小阅读的《圣经》里上帝创造亚当和夏娃的故事和他浏览过的其他书籍和绘画。他并不确定自己是不是遇到了爱情,只知道自己想每天见到这个女孩,每天都和她在一起。

第七章 恋爱婚姻：一生不幸，曲折的感情经历

日复一日，这种情绪积压到了极致，到了必须要喷发的一天。这天，好不容易等到了下班，梵高急匆匆地收拾东西，他打算在今天向尤金·莉娅表白。他想把自己的职业规划、自己的收入、自己对她的感情都和盘托出，以表示自己的真诚和责任感。回家的路上，他念念有词，像背诵会议上的发言似的一字字斟酌自己要对她说的话。

回到家，尤金·莉娅迎了上来："梵高先生，你回来啦！吃点东西吧，然后我们一会儿去散散步，好吗？"

"哦，好啊。"梵高回答得迷迷糊糊，根本不知道她说了什么。

"尤金·莉娅，今天的你真美啊。"梵高直勾勾地看着尤金·莉娅，今天的她穿了一件绣着雏菊的连衣裙，清新明艳像饮下了所有的阳光。

"谢谢，红脸先生，你这么说我很高兴。"尤金·莉娅调皮的笑容像一剂麻醉药，引着梵高忘记了原来的话，说出了下面的内容。

"能让我抱你一下吗？现在一看到你我的心就像喝了蜂蜜水一样，甜蜜得醉了。"

尤金·莉娅的脸腾地一下红了起来，这句话明显已经超过平时嬉闹的范围，带有侵犯的意味。"梵高先生，你怎么说起这样的话了？"这句话也染上了提防戒备的气息。

"不不，你可别误会，我没什么恶意，我只是，只是想抱抱你。因为我发现，我好像喜欢上你了。"梵高紧张起来，就恢复了自己的结结巴巴。

"这怎么可以呢？我一年前已经订婚了，而且我一直把你当作我敬佩的哥哥啊。梵高先生，我当你刚刚说的话是开玩笑了，以后不要再说这种话了。"尤金·莉娅性格活泼，由于深居闺中并没有什么异性朋友，所以很珍视和梵高的友情。

"不，不，你一定是骗我的，你怎么会订婚呢？你一定是害羞

了。"说到这儿,梵高猛地扑上前来,抱住了他日思夜想的女孩子。

"你,你给我放开!"她没料到他这样突然的举动,惊愕之余随即是愤怒和厌恶,"你再这样,我就喊人了。"她开始奋力地挣扎着走了,挣脱出去时还嫌弃地看了他一眼。

仅那一眼,梵高就知道他把事情搞砸了,尤金·莉娅并不是在开玩笑,他确实不再是她的"红脸先生"了。

被剩下的梵高一脸受伤,他把心中的快乐天使惹生气了,她会不会不理自己?会不会把自己赶出去?还有,她真的已经订婚了吗?种种想法纠缠在一起,把他勒得透不过气。天刚蒙蒙亮,他顶着一头乱糟糟的头发和血红的眼睛站在了她的窗下,他急切地希望她能恢复过去的样子,安抚下自己心中的万千疑惑。

"梵高先生,您这是干什么?"起床后的尤金·莉娅看到锲而不舍的梵高站在自己门口,脸上只有掩饰不住的冷漠。

"尤金·莉娅,我只是想再一次明确重复昨天的话,我不是一时冲动,我对于我们两个的生活是很严肃的。我有稳定的收入和光明的前途,也会一直陪伴你、爱护你。"梵高觉得昨天之所以被拒绝,是因为自己没有机会把事先准备的那些话讲出来,在纠结了一晚上之后,他一股脑把昨晚想说的话都倒了出来。

而尤金·莉娅像没有听到一样,径直走过他的旁边:"梵高先生,本来我还想和您继续做朋友的。可是您这么死缠烂打,我们以后就不要再见了。"

"不,不要啊。我是真心的。"梵高追上去,却被她"啪"的一声锁在了门外。

而下午,房东就面目严肃地走进梵高的卧室,口吻疏离:"梵高先生,您和小女的事情我已经听说了。谢谢您对小女的厚爱,可是

第七章 恋爱婚姻：一生不幸，曲折的感情经历

她确实在去年已经订婚了，而且她的未婚夫今年 9 月就要来这边住一阵子。所以，请您尽快另寻住处吧。"

"您能为我说说情吗？我是真心爱尤金·莉娅的，而且我相信在我的努力下，我的条件也不比他差的。"梵高身上有一种不撞南墙不回头的执拗，即使房东表达得如此清楚明了，他还是勇往直前地为自己争取。而这次换来的是房东的转身离去。

梵高因为这次"失恋"心灰意冷，搬走之后也开始消极怠工起来。一段时间之后，忍无可忍的画廊老板让梵高另谋他就，实际上等于炒了他的鱿鱼，梵高家族为他设定的金光闪闪的艺术经销商的职业生涯就这样断送了。

由于惦念尤金·莉娅，梵高在离伦敦很近的地方找了一个没有薪水的教员的职位。每个周末，他都迈着疲惫和饥饿的步子来到她的家门口，希望一睹芳颜。无奈的是，为了断绝他痴迷的期望，尤金·莉娅一次都不愿意见他。而当他看到尤金·莉娅穿着婚纱在牧师的证词中笑靥如花的时候，他的幻想彻底被打破，然后决绝地离开了伦敦。从此，这儿再也没有任何职业上和爱情上的牵挂。

从后面梵高喜爱的女性对象来看，他喜爱的女性并不固定于尤金·莉娅这一类型。所以，他这一段疯狂得甚至燃烧了自己的追求，可能并不代表他对尤金·莉娅爱得多么炽热，而是在那个最渴望爱情的时刻遇到了她，错把对爱情的向往当成了爱情本身。而梵高也为他的幼稚和脆弱付出了残酷的代价。

「二」
无法祝福的单恋

1881年4月,梵高从布鲁塞尔返回父母所在的埃顿。这时,他遇到了同时到达这儿的表姐凯。她是曾在阿姆斯特丹帮助过梵高的牧师舅舅的女儿,因为刚刚失去丈夫来这儿散心。

凯表姐本就拥有修长窈窕的身材和白皙细腻的皮肤,身着的高腰大摆黑色长裙和绾成发髻盘在头顶的秀发更是衬出她的优雅和清新,远远地望去,她就像巴黎最时兴的名媛形象打扮,也像莫奈笔下惬意游园的富家小姐,优渥闲适,仿佛和矿下那些哀号悲痛的女人来自两个世界。这个温婉美人走下画卷鲜活起来时,并没有让人失望。和你谈话时,她会浅浅笑着,用一双明亮的大眼睛鼓励你表达的欲望;她也会低声发表自己的意见,却俨然带着一副建议而不强势的姿态;她并不是不沾阳春水,长期的家庭生活的熏陶使她成了照顾孩子、收拾家务的一把好手,但哪怕是做这些日常事情时,她的每一个剪影,也像画一样让人沉醉不已。

梵高渐渐发现,除了作画,自己每天多了一项可期待的东西,那就是见到凯表姐。见到她之后,自己的疲惫仿佛一扫而光,也觉得生活特别美好,提起画笔的欲望更加强烈。凯活力青春,这种活力与单纯不同,她的一颦一笑、隐忍欢乐都带有时光的印记,像磁

第七章 恋爱婚姻：一生不幸，曲折的感情经历

石一样吸引着梵高。

有时，他和凯表姐的孩子一样绕在她的身边叽叽喳喳地分享着这一天细碎的生活。"凯表姐，看看我今天刚刚画的铲土的人。""表姐，您来帮我看看，这幅对劳动者的画像有没有米勒的感觉？""凯，你知道我为什么现在专攻人物画了吗，因为画人物时更能训练观察力。而且能把人物画好了，风景画肯定不在话下了。""凯，你不要叫我表弟，叫我梵高吧，这样咱们之间的关系就稍微亲近一点，显得不像外人那么客套。""凯，不知道为什么，虽然你气质和外形比我画的农妇好很多，但都有一种深深的无奈和宿命感，凯，你知道吗？这种气质特别吸引人。"除了提奥之外，没有人愿意花太多的时间听梵高絮絮叨叨，讲一些绘画和文艺理论的事情。恪守大家闺秀风范的凯小姐言辞婉转，目光清亮，这无疑是对梵高最大的鼓励，他也一股脑地把自己的所思所想倾泻出来。有时，他什么也不说，只是在忙忙碌碌的凯表姐旁边支起一个画板，开始调色泼墨，凯表姐就像一颗太阳，给梵高这棵植物提供了无穷的热量。

凯表姐仿佛也感知到了什么，这个表弟对自己非一般的热络和倾诉，让这个已然经历过男女之事的她有了些隐隐的不安。而当自己答应当他的模特时，他那充满热切欲望的眼神又让她脊梁发凉。她承认，这个表弟虽然身材矮小，但只要换掉工装背带还是能穿出绅士的温文尔雅，他饱读书籍，也不是粗鄙肤浅之辈。只是，一想到要触犯新教的禁忌，触碰乱伦之恋而受到众人的指指点点，她就不寒而栗，自己从小培养的淑女形象绝不能这样就崩塌。退一万步说，这个表弟虽然给自己孤寂的生活带来一些慰藉，但天天埋头画一些奇奇怪怪的画，平时沉默内向，一激动起来手舞足蹈，像发了热病的疯子一般，全无成熟稳重的上等人形象，他手中只有画板和

画笔，又哪里是自己倾慕的翻手为云、覆手为雨的人？

所以，当有一天，梵高抱着一幅表姐的油画冒冒失失地跑过来，激动地说"凯，让我来爱你吧！我爱你好像爱我自己一样。我的生命，我的艺术都不能没有你"时，凯特别淡定，自己的回答也不出意料地决绝和冷静："不，永远永远不，没和他结婚之前，我是个独身的人，而现在和以后的人生，我也将是个独身的人。"说完，扭头把惊愕的梵高留在原地。

整整三天，梵高把自己锁在房里，他脑海里不断回想着凯的那句斩钉截铁的"不行"，伤心的级别如海啸慢慢降为地震、台风再到涟漪，最终麻木不仁。他痴痴地望着堆满房间的画作，反复咀嚼着自己的悲切。他也终于知道了自己心痛的原因，自己不慕名利，只选择了一条孤僻的自我探索和表达的道路。在这条孤单的路上，他只想找到一个陪伴和知己，能够像提奥一样支持自己又能像母亲一样温暖自己。上一次求爱的失败已经把自己折磨得半死不活，见到凯后又滋生了对爱的渴望，才又活了下来。扼杀这段爱与杀死梵高无异，而刽子手正是他爱的表姐。

首战失利后，是鸣金收兵还是迎头直上？悲伤过后，这个问题摆到了面前。他面前又浮现出两个人在一起的画面，凯像母亲一样倾听，周身散发着圣母玛利亚般的光芒，而自己像个满足的孩子，灵感不断迸发。既然那么向往和她在一起的生活，那就听从内心的声音吧。虽然她发出了神情肃严的禁令，可是只要她还没接受别人，自己就没理由放弃。

想到这儿，梵高有了精神，从床上一跃而起。他要像骑士一样，去捍卫自己的爱情。兴致勃勃的他刚刚跑出房门，就看到搬运行李的工人正在把一个个行李箱往外运，而那分明是女性用品，心头没

第七章 恋爱婚姻：一生不幸，曲折的感情经历

来由地慌了一下。

"你们这是在干什么？"他的语调瞬间抬高了一度。

"凯表姐已经连夜搬回阿姆斯特丹了。她说这次散心的时间也挺长的，是时间回去整理整理自己的生活了。"安娜·卡本特斯不知道什么时候站到了梵高后面，仿佛看穿了儿子的疑惑。

"为什么？为什么连和我打一声招呼都没有呢？她难道不知道我还在记挂着她吗？"

"孩子，你看不出来吗？凯就是在躲着你啊。你那么主动，快把人家吓到了，人家不走才怪呢。"

"吓到？为什么会吓到？我只是告诉她我的真实想法，我又不是什么歹徒匪类。"

"孩子，在你这个年龄，追求爱情是很正常的。我向你保证，以后我会带你多参加有社交名媛的聚会，咱们找个你喜欢的好好谈一场恋爱，不好吗？"安娜的声音带了一丝恳求，但更多的是关切。

"不，我根本不在乎其他名媛，我已然找到我的缪斯女神了，那就是凯。她温婉贤淑又大方可人，我真的不想错过她。妈妈，你帮我说说好话，帮帮我吧。"梵高是一如既往的偏执。

"帮帮你？哼，休想。你有没有站在我们的角度为我们想想？"母亲目光悲切，不发一言，只好把求助的目光投向从里屋走出来的父亲。父亲面色肃穆，语调满是愤怒和斥责："凯身为你的表姐，本是你的长辈，又刚刚成为寡妇，你不觉得你们两个结合很下流，会玷污我们的清誉吗？"

"下流？真爱怎么可能会是下流？"

"真爱？是吗？我只看到你为她疯狂，没有看到回应呢。如果她爱你，就不会连夜收拾行李回去都不告诉你一声。不要执迷不悟了，

这样只会破坏我们两个家庭的和睦。"父亲挡在房间门口，冷静而犀利地质问着为爱痴狂的儿子。

听到这儿的梵高青筋暴突，气喘吁吁，犹如一只受伤的野兽，他的感情被怀疑，这使他觉得受到了侮辱。

"我的爱情在您眼中就是下流，我不能接受。我必须要忠实自己的内心，去追求想要的爱情。"

"好吧，如果你真的想去，就去吧。只是要记得，你所做的任何事情都代表我们家族的荣誉，请三思而行。而且，休想让我们承担你的开销。"了解儿子的母亲无奈地叹了口气，她知道梵高身上并没积蓄，想通过这种方式断绝他的念头。

"好了，我知道了，父亲母亲，开销的事情我会自己解决，我以后也不会打扰你们了。"平静下来的梵高裹着自己褶皱的大衣，收拾了行李就离开了家，把母亲的焦急和父亲的无力甩到了脑后。

在梵高的成长过程中，他的父母扮演着稍偏正统保守但对他关怀备至的角色，所以这次的激烈反对让梵高伤心不已。他决定搁置双方的争议，靠自己的努力去做自己想做的事情。

首先要先见到凯一面。但是最重要的是先要有钱。梵高的创作动力又被调动起来。他雇用模特，指导他们摆出姿势，用新的手法创造油画，把自己的创作源源不断地寄给提奥期望卖个好价钱。他也与表哥毛威取得联系准备去海牙学画，做好了离开家的准备。他兴致勃勃地努力了很长一段时间，但还是没有卖出去画，最后还是靠着提奥解决了路费问题。

梵高带着自己的作品来到巴黎，接受早已是艺术家、画作颇受认可的毛威表哥的指导。表哥对梵高的天赋和诚意赞不绝口，热情地送了很多工具和石膏要求梵高回家仔细提高临摹技艺。

第七章 恋爱婚姻：一生不幸，曲折的感情经历

在海牙学艺期间，因为惦念凯表姐，梵高去了几趟阿姆斯特丹，但凯早就闻风躲到其他地方，接待他的无一例外都是他亲爱的沃斯舅舅。这场拉锯战持续了很久，也因为斗争双方的力量和心态呈现出几个阶段。

一开始，沃斯舅舅对自己这个外甥气愤不已，他们僵持在客厅里，都不肯正眼瞧他。

"你走吧，她不想见你。"

"不，她不是不想见我，只是需要时间来接受。你们让我去看她吧。"

"我只是想见她一面，向她表达爱意，再争取争取。"梵高的表达不甘示弱，捍卫自己爱的权利。

"你为什么那么固执己见，即使她答应了你的请求，你到现在一幅画都没卖出去，以后怎么指望养活她和孩子？哪一个正常的父亲会放心把自己的宝贝女儿交给一个连正常稳定收入都没有，要靠弟弟来接济的男人呢？"

为了制止梵高，沃斯舅舅把心里的担忧毫无遮挡地倾倒出来，虽然在他的内心深处，他对这个虔诚绘画的孩子抱有好感。这更刺激了梵高敏感的自尊心。"是，我到现在是没卖出去一幅画，但这不代表我一辈子都一文不名，当一个男人有了爱人、有了家庭，他就会想着去工作努力让家人过上好的生活。"激动的梵高离开座位，挥舞着手臂，"让我去见她吧，你要知道恋爱带来的折磨和苦痛。"

这句话引来了沃斯更加尖锐的讽刺："哦，你就这么敏感、这么脆弱、天天为了恋爱无病呻吟吗？我告诉你我承受的痛苦远远比你经历得多。"

沃斯的质疑又让他想起在矿厂时那些工人不屑的话语："我们的生活远远比你的布道更为艰难，所以我们懒得去听你那虔诚的废话。"

一时间，不被接受的委屈、指责一起涌上心头，他"噌"地站起来，把整个手掌放在烛台的蜡烛上，如十几只炙热的火舌舔着自己的掌心。"谁说我无病呻吟，我现在就在尝试着钻心的痛苦。"他低声嘶吼着，额头也因为疼痛和灼伤青筋暴突，但他愤怒和倔强的双眼却没有丝毫停下的意思。沃斯被梵高这突然的举动吓得不轻，停下了嘴上的挖苦，猛地一把打翻了烛台。叔叔知道，如果再僵持下去，这头倔驴还不知道会干出什么傻事，只好轻轻地说："她现在不在家里，你过几天再来吧。"

也许是领教了梵高的坚持，沃斯发现硬的手段不行，第二次会面开始晓之以理，他写了一封长长的信，当着梵高朗读起来。在信里他以一个牧师的口吻请求梵高恪守道德，克制自己的感情。但梵高还是不为所动。

后来的会面，他们采用了迂回和怀柔战术，一方面还是不肯让他见凯，另一方面放弃了犀利的言语，还是以一种亲人的姿态感化他。最后一次，在凯的住所等了一天而无所得后，梵高落寞地离开，走在无边的夜色里。头发花白的两位老人赶上来，再没有刚才的指责，而是满脸内疚和心疼。因担心梵高流落街头，两位老人深一脚浅一脚地蹚在肮脏、厚实的雪里，为他找了一个宾馆住下。看着他们苍老而蹒跚的背影，本来心怀怨恨的梵高心里仿佛被戳了一刀，认识到自己的偏执给两位老人带来了如许负担。

他知道，为了家庭和亲人，他也需要放手了。

第七章 恋爱婚姻：一生不幸，曲折的感情经历

「三」
意外的恋爱时光

如果说前两段的追逐是本能驱使下的急躁，那接下来的这段恋爱则是无奈的凑合，也注定了劳燕分飞的结局。

离开了家，梵高并没有地方可去。被两个所爱的人拒绝，没有一个热腾腾的家给他抚慰，自己苦苦坚持的绘画到现在还无人问津，也没有一个振奋的事业接待这个身体流血、心灵饥渴的可怜人。他百无聊赖，步履蹒跚，不知不觉走到一个酒吧门口，就缓缓地踱了进去。要一杯酒吧，今朝有酒今朝醉。

梵高在酒吧里的自酌自饮很快被一个女人的哭泣打断。这个女人身着女工服饰，根本看不清身段，皮肤粗糙，挂满与年龄不相称的皱纹，一看就是和自己的凯表姐不属于一个世界，前者活得优雅轻松，而后者被生活重担压得透不过气，生活的每一步都走得艰难无比。

也许同是在孤独失意里发泄、咀嚼着伤痛，梵高本能地从座位上站起来，缓缓地走到这个吧台边哭泣的女子旁边，轻声安慰着她。女子见到有人安慰她，便一股脑地把自己的悲惨遭遇吐露给这个热切的人听。

和梵高追求理想而不得的愤懑相比，这个女人的伤痛更加实际，

更加有指向性。她号啕大哭着，一边哭一边诉说着自己的艰辛。她告诉梵高自己早逝的丈夫、嗷嗷待哺的婴孩、孱弱的老母亲，以及一天数十个小时泡在洗衣房直到双手洗得发白的艰难命运。梵高有点手足无措，说实话，出身优渥的他并没体会过这些具体实在的问题。不过，天生敏感的他还是体会到了女人的无奈和疲惫，笨拙地安慰着这个泪流不止的女人。

也许是因寂寞太久的脆弱，也许是因为他幼稚但笨拙的善意，总之在梵高的陪伴下，女人哭了一会儿，慢慢冷静下来，开始关注起这个身边的男人。终于，她注意到了梵高受伤的手掌，主妇的本能驱使她把这个男人拉回自己的家，为他包扎收拾。

而谁又知道这次酒吧的相遇就这样把两个孤独的人拉到了一起。两个人迅速地认识了起来。这个叫西恩的女子从事着最低贱的赔笑生意，以皮肉生意维持着最基本的生存。在西恩身上，梵高看到了有别于凯表姐的另一种女性形象——大胆奔放、粗糙朴实，这让他新奇不已。

接下来的日子顺理成章也甜蜜无比。他们成为每天无话不谈的伙伴，从未有人像这个底层妇女一样听自己讲话，讲着自己的悲天悯世，讲着自己脑袋里奔驰的线条和形状，以及自己对爱情的渴望。西恩也急切地需要一个男人的陪伴。当然，这个女人并不能理解梵高内心的那些东西，但她坚信这个热情洋溢的男子的信念和坚守一定会实现，坚信那些形而上的探索能带她飞越现实的苦闷，于是她以一种崇拜甚至虔诚的姿态把这个男子放在自己身边。西恩的主动也拉近了这个一直渴望爱情而不得的男人。就这样，知己发展成了生活伴侣，而一直渴求陪伴、铁鞋踏遍无所寻觅的梵高也意外地得到恋爱的馈赠。

第七章 恋爱婚姻：一生不幸，曲折的感情经历

两人迅速住在了一起，渴望爱情多年的梵高也兴奋地决定，要和西恩结成一个稳定的家庭。可是，和一个已然结过婚的妓女结婚，这一提议在他的家族里引起了轩然大波，亲戚和朋友甚至以断绝关系为砝码来逼迫梵高终止这段关系。

一天，西恩从娘家回来，发现梵高捏着一张信纸，愁容满面地坐在地上。

"怎么了？看起来这么不开心？你手里拿着的是提奥寄过来的信吗？"

"不是，是亲爱的毛威表哥写的，说的是西爱姆叔叔订购的那30幅画的事情。"梵高头也没抬，声音里满是颓唐，"他要把这次订的30幅画取消，可是我已经画好了几幅，有几幅不太好画的还占用了很多精力。这下，他说不要就不要了，30法郎是小事情，这不是耽误事情吗？而且，而且，他还说以后再也不会帮我卖我的画了，好好的亲戚干吗搞成这样？"

"对啊，他都决定支持你了，又怎么无缘无故地反悔了？"

"他说，他说我和一个不良女子在一起，是辱没家门。他不打算再认我这个侄子了，毛威表哥也把我骂了一顿。"他偷偷瞄了下西恩，小心翼翼地说。

听到这儿，西恩的脸色瞬间红成了一个小灯笼，她扭着自己的衣角，嗫嚅着："不良女子？是啊，他们是有工作、求体面的人，肯定是看不上我，这也能理解。要不咱们还是保持距离吧。"

"你不要受到他们的影响。他们在社会上待久了，染上的都是那种靠金钱、权力和外形判断一个人的坏毛病，看到你没有一个他们眼中体面的好工作就说你是不良女子，他们又不了解你的善良和朴实。在他们看来，只有那些衣着华贵、家世显赫的女子才是好女子呢。

多可笑,那种堕落、淫荡的上流女子,我可见得多了!而且,他们只看到咱们的外在,没有看到咱们相互需要、相互扶持。我喜欢的是你这个人,不是你的职业也不是你的社会地位。"

"哪怕我怀着其他人的孩子也无所谓吗?哪怕我拖着一家老少沉重的负担也无所谓吗?"

"是的,无所谓。别人的孩子我会当作自己的来养,生活负担重我会努力画画帮你撑起这片天。只要你在我身边就行了。"梵高握着坐在地上的西恩的手,动情地说。

西恩看着眼前这个红头发的小个子,他长得并不算帅气,但是当他说这些话时,他流淌的目光温柔而坚定,浑身洋溢着英勇坚强的男子汉气息,不输于她见过的任何一个帅哥。她把头顺势靠在他的肩上,享受这静谧的甜蜜时光。

于是,在提奥、父亲、叔叔、毛威表哥等人的强烈反对下,梵高与西恩结婚并同居,在她的小屋里开始自己的创作和生活。女人的温软怀抱、孩子的懵懂天真都给他带来最单纯的尘世幸福,既像熨斗一样熨平了他心中的忐忑和波折,也给他的画带来一丝丝尘世的安宁的气息。灵感的脚步开始飞驰,他的一幅幅作品像雪片一样铺满了这个逼仄的空间,他开始回归艺术家的姿态,专注在自己的画笔和画布上,要求西恩和孩子做模特的时间也越来越长。

有家庭的温暖,也有创作的井喷,这段岁月快乐而单纯。然而,艺术家的眼睛总能把苦涩幻化为历练,把贫瘠化为单纯,而普通人却没有这项能耐。在女人眼里,理想化的艺术家早就跌下云端,成为一个只在家里搞一些自己看不懂的画、把家里搞得乱七八糟,让自己做模特耽误自己谋生的无用男人。最重要的,这个男人一幅画都卖不出去,还要依靠他的弟弟帮助,两人的裂痕终于越来越大。

第七章 恋爱婚姻：一生不幸，曲折的感情经历

一天，西恩为梵高担任了一天模特，她像梵高建议的那样，抱着孩子坐在床上。按梵高的话，她应该摆出一种疲惫、劳累但对生活充满希望的姿势。

"这样不行，你的头应该再低点，你想你干了一天的活肯定很累，应该是腰杆都挺不直。""这样也不行，孩子是生活中仅存的希望，最好再把孩子搂紧点，才能体现你积极的生活态度。""不行，你再往那边坐一下，我也想表现出床上的东西，那都能侧面表现你的生活。"开始，西恩还按照他的要求调整自己的姿势，但是忙活了一上午，梵高还没找出所谓的最好的表现角度，饿得饥肠辘辘的她开始不耐烦了。

"什么时候能好啊？我饿了，你看宝宝，饿得都开始啃自己手指了。"西恩一股怨气。

"再等一下吧，就快好了。要不，要不你先去做饭吧，我再来想想应该怎么弄，不能饿着宝宝。"梵高又把刚刚画的一幅撕下来，他边盯着刚刚撕下来的画作，边对西恩说。

"做什么做，有什么好做的。每天还不是吃土豆、喝稀粥那样的老一套，我都快吃吐了。而且，我给你当模特也累了一上午，为什么还要我去做饭？我和你在一起，就要既当模特又当老妈子吗？"

西恩的怒气让梵高有点摸不着头脑，刚刚还那么支持自己事业的女人怎么转眼换了一个态度。"你肯定是累着了吧。那行，你在旁边坐一会儿，一会儿我忙完去给你做。"

"做什么做，不吃了。天天吃那个我都怕我的孩子吃成了水肿。这过的是什么日子啊？简直像一个灾民。"

"宝贝儿，这一阶段是苦了你了，我现在努力作画不也是想好好赚钱，让你和宝宝过上好日子吗？你再坚持坚持。"

"你不是说你是个画家吗?不是说自己画得很好,比市面上卖的要深刻吗?你的画怎么卖不出去呢?一个男人靠着自己的弟弟养活,算什么本事?"

"西恩,这只是暂时的情况。你再给我一点时间,等我再跟着毛威表哥学习一段时间,等我的绘画水平再提高一点,我就可以靠自己的画生活,就不必靠提奥了。"

"那我要等到什么时候?而且一天天地窝在家里,谁知道你到底在搞什么玩意儿?你为什么天天窝在家里?天啊,不能有点出息像他们一样去应酬、去交际吗?你自己不挣钱,不要拉我下水,天天让我当模特,老娘可是要出去挣钱的呀,指望你是不要活了。"西恩的指责越来越犀利,焦点从卖不卖得出去画转移到为什么要选择绘画这个行业,火药味越来越浓。

"西恩,你从认识我时我就是个画画的了。做个艺术家不容易,做个艺术家的妻子也不容易,你要耐得住寂寞啊!你看毛威表嫂,她当年毫无怨言,支持表哥画画,现在表哥有了点小名气,她不也算是熬出了头吗?"梵高已然放下画笔,蹲在西恩面前,认真劝慰着抽泣的西恩,他知道西恩的不易,也很体谅这份抱怨。

"哇"的一声,西恩哭了起来,仿佛要把这段时间忍受的所有委屈和不满都发泄出来。梵高手足无措,只好拍拍肩膀和头,笨拙地安慰着。西恩哭了很久,等到她冷静下来,她用粗糙的手背擦着自己红肿的眼睛,抽咽着说:"以后我出去挣钱吧。指望你画画不知道什么时候能出头,怕到那个时候我和宝宝都饿死了。"

"挣钱,你怎么挣钱?去给人家洗衣服还是像原来一样——伺候别人?"在说到最后几个字时,梵高顿了一下,他终究不习惯那么直白地讨论西恩以前的职业。

第七章　恋爱婚姻：一生不幸，曲折的感情经历

"伺候男人是吧？无所谓啊，这样挣钱比洗衣服快多了，而且我也没什么损失。"西恩挺无所谓，翻了翻眼睛，耸着肩膀说。

"怎么能无所谓呢？你是我的妻子，我不想你出去受苦。至于重操旧业，我在这儿说，也是最后一次对你声明，不允许！"梵高的男性尊严被挑衅起来，青筋暴突，言语高了八度，把西恩怀里本来饿睡着的孩子也吓醒了，吓得哇哇直哭。

"我真是瞎了眼睛才找了你，被你困在家里，还不如去找其他有钱的男人。不让我出去，那你拿钱出来啊。自己没本事还限制我。"西恩愤怒地丢下一句话，抱着孩子跑进了内屋。梵高蹲在地上，久久没起来。

类似这样的争吵变得频繁起来，粗鄙、犀利的话语也开始蔓延在这个屋子里。

一次，在经历了几天的创作瓶颈之后，梵高终于画出了一幅还算满意的画，他高兴地来到西恩面前，邀功一样地展示着自己的这幅画。"来来，看看我刚刚为你画的画吧。这画棒极了，而这成功全部都是因为有你啊，我亲爱的。"梵高指着面前的画布，兴致勃勃地对她说。在这幅画中，梵高用铅笔勾勒出了一个蹲坐在台阶上、抱着自己膝盖的裸体女子。她的头发杂乱地披在肩膀上，粗大的指关节、耷拉下来的乳房和隆起的小腹都显示生活的疾苦中对保养和安逸的疏忽，而她的神态却显示出一种无声的疲惫和疏离。梵高越看越得意，也在期待着她的回应。

"你这个笨蛋，我辛辛苦苦给你当模特，你就把我画成这种没有精神、又老又丑的女人吗？还是说你和那些外面的人一样，其实根本不是想画出什么画，而是想借机看一下老娘的裸体罢了。"西恩直瞅了一眼就表达了强烈的不喜欢。她满脸不屑地看着梵高，骂骂咧

咧地说。

"这哪里是那种意思？这是为了表达米勒《拾穗者》里同样的意思，就是人民的苦难和抗争。"梵高还在试图和自己的妻子解释。

可是她根本听不进去，反而更加暴跳如雷："别跟我提那些没有用的东西，一天支付我一个法郎，你算算你欠我多少个了？还有，你那有钱的弟弟这个月怎么不给你寄钱了，他是打算让我们一家人跟着你喝西北风吗？"

提到钱，梵高更加窘迫了："呃，我和提奥最近有些争端，他觉得我这样匆忙结婚挺丢人的，所以他暂时没有给我寄钱。不过他不会忍心看着我们挨饿的，我会说服他给我们寄钱的。"

"啊？丢人？谁丢人？是你们梵高家丢人吗？我呸，应该是我感到丢人吧，本来是吃喝不愁、自由自在地一个人生活，嫁给你之后不仅不能出去找乐子，现在连吃的都顾不上。要不，以后你继续画你那不知道什么时候能卖出去的画，我还去外面接客赚钱怎么样？对你也有好处。"她笑嘻嘻的，一副不知道羞耻的样子。她无法忍受这种没有收入、只靠别人接济还沉醉在自己幻想中的男人，纵使梵高苦苦挽留，她也决意要和他分道扬镳。

"你，你……"一向思维活跃、言语上不肯服输的梵高被气得说不出来话。过了一会儿，他颓然地扬了扬手，"行，你去赚钱吧，你去……找你的自由吧。"那个给了他家庭和孩子、终结了他漂泊的女子形象轰然倒塌。

而他在第二天，也收拾了自己喜欢的几幅画和行李，在她的送别下踏上了去德伦特的火车，放弃了这段触犯了整个世界、坚守了将近两年之久的感情，离开了这个看上去很美的安乐窝，开始了另一场飘零。

第七章 恋爱婚姻：一生不幸，曲折的感情经历

他到达了荷兰小镇德伦特，在那阴森低沉的小雨里过了没有收入和资助、没有人陪伴的3个月。而1883年12月，他像一只倦鸟飞回了位于纽南的父母家中。本属两条路上的人在短暂的相交后，注定要踏上属于彼此的不同的道路上。

回到纽南，父母之间的温情犹如春天，使他心里的疤痕又痒了起来。梵高知道，尽管有如许的屈辱和伤痛，他还是惦记西恩，惦记那个温暖的小家和两个人的相守。不知道她现在过得怎么样，吃穿是否无虞，身边有没有一个好人照顾她，别再让她出去抛头露面。睡在画室的晚上，这种痒挠得他翻来覆去，无法入睡。他承认，自己还没有到那么冷血能够很快放下的地步。他偷偷地跑回来看她，却只是远远地看着，不敢走上前去表达爱意。只是他知道，两个人之间只是穷途末路人的惺惺相惜，却不是举案齐眉的红尘伴侣，两个人走得了一时，却过不了一世日子。他狠狠心，舍弃了自己内心的眷念和渴望。

「 四 」
无力回应的仰慕

1883年9月,梵高父母搬到纽南居住,同年12月梵高也搬到纽南,和父母同住。历史总是在惊人地重复着。两年前,因为凯表姐的事情,他们不欢而散;而此时,和西恩的一段厮守已经让梵高声名狼藉,恶名千里。回归和父母的家庭生活是很矛盾的,一方面,他一直渴望的家庭生活如一个宁静的码头收留了他这艘动荡的小船,父母的拳拳爱意也滋润了他漂泊的灵魂;另一方面,父母对动荡和改变本能的恐惧,表面上的亲和掩饰不了内心的异议和疏离。

貌合神离的家庭能遮风挡雨,却不能消除心灵上的饥渴,心灵庇护所的家庭却变得比荒原还要冷酷。

由于经济原因,梵高还不能潇洒地转身离开,他坚持付给父母膳食费,来维护自己三十而立的尊严,尽管这些钱还是从提奥每个月的邮寄中节省下来的。此外,在大部分时间,他待在自己的画室里,更多的是待在室外的避难所里———一间放着织布机的小工厂。

他成天地待在那儿,看着面无表情的纺织工人们工作。他们机械地上下翻飞着踩着棕灰色的橡木机器,光线慢慢变暗,从一根根跳跃的线打到一段段织出来的僵硬的布上。这些有规律的、呆板的运动仿佛像一针麻醉剂,把过去两年心灵上的所有灼伤都麻木了,

第七章 恋爱婚姻：一生不幸，曲折的感情经历

这让梵高找到一种安全感。

然而，就像两年前单纯热烈追求爱情的他被丧夫、充满忧郁气质的凯表姐所吸引一样，他丝毫没意识到经历了爱情折磨和洗礼的他，浑身也散发出了纯熟的气息，指引着那些向往爱情的人飞蛾般扑过来。

生活在纽南，35岁的玛格丽特就是这样一只飞蛾。她父亲早逝，家里只有一位母亲和四个姐姐，五个老女人非但不疼惜这个最小的妹妹，还以嘲笑捉弄她为乐。畸形的家庭环境造就了狭隘的交际圈，导致玛格丽特在35岁的高龄尚无任何情感经验。35岁的她和20岁的梵高一样，内心满盛熊熊的寻觅爱情、燃烧人生的火焰。

百无聊赖的玛格丽特平日喜欢在村里乱逛，那些陌生的街道和流动的人给她一成不变的人生带来了些许刺激。有一天，她的脚步在破旧纺织厂门前停留了下来。眼前的男子瘦削笔直，像一棵大树。但是，在他久久待在厂里，凝视织工、挥毫作画时周身又散发着忧伤沉思的气息。他的气质和那些庸常、嘈杂的农人大相径庭，让35岁高龄却仍保有一颗少女之心的玛格丽特不自觉地凑了上去。

"我注意了你很久，你好像一直待在这边，这个旧纺织厂有什么特别之处吗？"

梵高的创作被这句突然的问话打断有点吃惊，但他看了看旁边的女子，又很快恢复了平静："没有什么特殊，只是我觉得这些工作着的纺织工人很打动我，仅此而已。"

"你的画里使用的颜色很有趣。"玛格丽特看着他的画，也端详着他棱角分明的侧脸。

"是吗？这是我刻意营造的效果，你能指出来我很高兴。你看，深灰的墙壁，深蓝色的工服和线轴，既表现了劳动环境的乏味黯淡

又不至于像全黑色那样显得那么压抑。另外，我用了土黄和靛蓝也给画面加了一点适当的亮度……不好意思，我说这些你一定觉得我很啰唆吧？"习惯了被打断被嫌弃的梵高自觉地刹住了车，歉意地看着女人。

"不，我觉得很有趣。你这些天还有其他的画吗？我想看看里面的色彩。"女人的真诚和关注让梵高有点受宠若惊，不过他还是很高兴，抽出自己的另一幅《麦田里的收割者》给女人看，并兴致勃勃地介绍起来。

就这样，之后的每个白天，两个厌恶各自家庭环境的人不约而同地从家庭里跑出来，找到一处有动人风景的地方相聚，梵高作画，玛格丽特欣赏陪同，两个人暂时找到了宁静的归依。终有一天，相安无事的君子之交却被少女玛格丽特的澎湃热情所打破。

"梵高，我爱你，我想和你相伴一生。我的生命布满黯淡的灰尘，但你的出现才让我重见天日。"炯炯的眼神望向梵高，传递无边的热力。

梵高心中一动，他倒不是惊讶于玛格丽特的表白，而是震惊于这样一个发现：现在的玛格丽特多么像当年的自己，热烈渴望一份爱情，而现在的自己多么像当年的凯表姐，历尽沧桑，疲惫不堪。这样的认识让他慨叹自己的情感际遇：当年的热切期盼，到现在自己也还是这么潦倒，也让他同情于玛格丽特。她就是当年那个寂寞的自己，如果自己狠心转身，不知道她会不会终生凄凉？半是同病相怜，半是知己莫逆，梵高接受了这个可怜女人的爱情。只是，他心里知道，自己再也不是为了爱不顾一切的少年了。

梵高和玛格丽特生活在了一起，一共两周的时间。他们像一对真正的夫妻，既有床笫之欢的亲密，又有相知相惜的感恩。玛格丽

第七章 恋爱婚姻：一生不幸，曲折的感情经历

特有凯表姐那样的知性温柔，也有西恩那样的朴素，她不在乎梵高是个经济不独立、脾气又无常的人。看似完美的爱情，似乎在这个意想不到的时刻降临了。

但是，上帝似乎注定让梵高在爱情上是个失败者。正当两个年轻人像 20 多岁的小年轻一样憧憬着婚姻和油盐酱醋时，摧枯拉朽的暴风又来了，而这次是玛格丽特的家人。

那五个女人仿佛早已习惯了八卦、妒忌、诋毁和谩骂的生活，对于小妹突然获得爱情和陪伴愤愤不平。她们来势汹汹，在梵高的小工作室里围住了他。

"你是什么东西？为什么要和玛格丽特发生关系？"肥头大耳的姐姐首先发问。

"我想你们忘记说了一句你好。我是玛格丽特的恋人，我未娶，她未嫁，完全是正当的恋人关系，至于发生关系，我想这是我们两个人之间的事情，不必向诸位汇报。"梵高的性格虽平和了很多，但一旦争论起来，还是一副探究到底的劲儿。

"正常？没有结婚就发生关系？你去问问上帝正常不正常？年轻人，不要以为自己是万能的，有时候我们该听听上帝的旨意。"母亲尖酸地说着。

"爱情和年龄有什么必然的联系吗？正是你们抱有这种思想，才把她一直耽误到现在。如果你们继续这么想，她会一直孤独痛苦到 45 岁、55 岁。"

"你说这话什么意思？是说我们几个没有男人就孤独痛苦吗？我告诉你，虽然没有男人，但我们遵守着神的旨意洁身自好，我们问心无愧。"一个稍微年轻的姐姐语速很快，不服输地回击着。

"神的旨意？神的旨意就是让人在尘世中活得凄惨吗？"

"你敢侮辱神的教义？我们怎么可能把亲人交给一个亵渎神灵的人手中？别想了，你们是没有可能的。"

就这样，几个女人你一言我一语，很快把梵高淹没在责备的海洋里，直到玛格丽特披散着头发气急败坏地把他从旋涡中心拉开。很显然，她在家里也经历了这场风暴。

言语上无效，几个女人在行动上施压，干脆把玛格丽特软禁在家。被尤金和凯表姐拒之门外的黑暗历史仿佛又重现，这让梵高很是无力。可让他没想到的是，初尝爱情滋味的玛格丽特为了捍卫这来之不易的果实，采用了更为激进的方式。

一天，玛格丽特的小姐姐跑到在家整理东西的梵高面前，生硬地抛下一句"你快去医院看看她吧"，然后跑走了。匆匆忙忙跑到医院，梵高竟然在病床上发现了胃上插满洗胃管、面色苍白的玛格丽特。"既然她们不让我幸福，我就去死好了。反正和她们比，我也是幸福的，起码我被你爱过。"这句话从虚弱的玛格丽特嘴里讲出却是那么地大无畏。

医生告诉她们病人体质太弱不适合结婚，玛格丽特的家人就以这个为借口隔绝了两个人的会面。玛格丽特长期服用鸦片丁来稳定情绪，神经痛也越来越厉害，足迹也禁锢在了医院里。

就这样，他和爱情最近的一次邂逅也匆匆而过了。而他早已被磨得失去了脾性，只能任这段情愫流逝。玛格丽特在梵高身上看到了理想的自己，想通过爱情的结合远离这个压迫黑暗的家庭，只是经历了这么多情感的兜兜转转，梵高早已没有气力去坚持、去用爱情解救他。对于她的仰慕，他无力回应；对于她的悲惨，他也无能挽救。只是，我们有时会不自觉地假设，假如在梵高20岁追逐爱情时就遇到欣赏他的玛格丽特，两个人不急不慌地相识、相知、相恋、

第七章 恋爱婚姻：一生不幸，曲折的感情经历

相爱，事情会不会是另外一种结局呢？

这以后的梵高再没有组建家庭、寻求爱情的行动，有没有过这种想法我们不得而知，也许经历了这么多次挫折，他自己也觉得这是个奢望了吧。我们只知道，后来的梵高流连烟花酒肆和风流女子的温软怀抱里，行为放荡，甚至患上了梅毒和淋病。他的一只耳朵也是割下给了一位妓女。放纵风流，也许这是寻求温暖的道路上最快捷而又最安全的一种了。

「 五 」
露水姻缘的温暖

后来,为了发掘自己的风格,梵高一个人搬到了阿尔勒。在找不到灵感或者是精疲力竭的日子里,他会在街道上徘徊,随机跑进街旁的一个妓院,朝老板抛去一个意味深长的眼光,老板就会会意,为梵高推荐上一个姑娘。

梵高并不属于好色之人,他会和姿色并不出众的西恩结婚生活并且在分开后还惦念不舍就证明了这一点。一开始,梵高是想发泄自己的冲动。在一个地方坐了很久也没有画出什么东西的梵高会被烦躁填满内心和肠胃,吃不下什么东西,脑子里也没有什么灵感,这时候的他觉得自己就像一堆内心空空的废铁。只有和女人在一起的抚摸、调情和温存才能让他找到一种存在感,知道自己还活着。后来的日子里,灵感的匮乏、一个人居住的孤寂逼得他快要发疯,促使梵高省下两三天的花费,跑到妓院里去找一个姑娘陪自己过夜。这时候性爱对他来说并没有多重要。他只需要一个具象的人陪在自己身边,感受她的呼吸和心跳,这些告诉梵高他不是一个人。最后他也会和身边的人攀谈两句,介绍下自己生活的小细节。

"梵高先生,我很心疼你,你的生活中需要一个女人照顾你。"有时,温情过后的瑞秋会依偎在他的肩膀上,温柔地对他这样讲。

第七章 恋爱婚姻：一生不幸，曲折的感情经历

经历过人事的梵高不是不了解女孩儿的暗示。只是，经历了被拒的伤痛、和西恩一起失败的婚姻，他再也没有勇气重新进入两个人一起的生活中。他知道没有谁会受得了神经质暴躁的自己，在想成为一个艺术家的路上注定孤独。这时，他会什么也不说，只是紧紧地搂住女孩，一个人行走的前路遥遥无期，不如多享受一下今晚的这露水一样的温暖。

第八章 巨星陨落

理智丧失，开枪自杀终陨落

梵高家族潜在的精神病史，敏感的性格，苦心耕耘却颗粒无收的艺术道路，孤苦无依、没有家庭陪伴的命运，这些压力和苦楚都深深压到梵高肩里，直到嵌入他的心灵，再反刍戳到他的画里。终有一天，他用一种割掉自己耳朵的极端且疯癫的方式爆发，被周围的人当成疯子并送进了精神病院。在不得不接受所有人都把自己当疯子的时候，自杀似乎是唯一一种与这个世界和解的方式。

第八章 巨星陨落：理智丧失，开枪自杀终陨落

「一」
孤独的自我斗争

圣雷米有一家修道院也就是精神病院，1889年5月梵高转到这儿生活。与整天刮着大风的阿尔勒相比，圣雷米被几座山包围，风也不那么肆虐。由于在山的团团包围里，这边的城镇发育得也并不充足。这儿没有大片的麦田、忙碌的农人，只有高耸入云的树木和疏朗的田地。他也有机会在这儿沉静沉静他那过于疯狂的灵魂，好好地反省自己的人生。还没成名在精神病院森严的管制空隙下，他一遍遍地踱步观察着这个冷峻的景色，也反省着自己的一生。往事一幕幕地飘过，当时的那些热烈的疼痛和欢乐现在都已经淡成没有任何知觉的疤痕，幽幽地昭示着经历的一切。

一天晚上，他又在噩梦中醒来，干脆到室外去散散步。月亮还未落下，红日却正喷薄而出，几位农人正赶着薄雾要趁这个还没热起来的好日头把种子撒下去。又是新的一天，他突然有了画画的冲动。他对着屋后的柏树画了一幅画，画布最前方柏树往上扭转着自己的枝条，露出惨淡的碎月。他在信中还安慰着提奥，"我比以前沉着多了"，但是树木的背后却不再是缤纷的斑点，而是蓝灰色的旋涡。

这时，提奥的一封信从远方带来了好消息：自己的那幅《红色葡萄园》在展览会上卖了400法郎。除去以前照顾自己生意的叔叔

和唐伊老爹,这是他这一生第一次卖出去的画作。刚刚收到提奥这封信时,梵高还有点恍惚,这幅画是和高更住在一起时画的,当时听了太多他在塔提希岛的故事,连普通的葡萄园都有了异域种植园的风格,只有农人身上的传统阿尔勒服饰和梵高画中经常出现的大太阳才能彰显出这是梵高的作品。猛地听到这幅画的名字又让他想起了在阿尔勒的日子,陌生得恍若隔世。

按照以前的性格,梵高肯定会大受鼓舞,给提奥写上一封挥挥洒洒的信,告诉他以前所经受的波折和折磨都已经到头了,自己已然形成显著的自我风格,受到全社会的肯定指日可见,要等待成功太久的他继续对自己抱有信心。可是,孤独太久的梵高不敢去奢望太多前景,那些光明仿佛对自己来说太陌生、太遥不可及。好在不凭任何人的关系,有一位陌生人愿意认可自己,愿意花那么多钱买下自己的画。梵高对那位素未谋面的买家充满了感激,他为快退缩到绝望边缘的梵高带来了一些安慰。这时候的他也已经不再纠结于自己在37岁还没成为有名的画家,也不再执着于提奥的经济投入还没得到回报。经历了激情万丈的追求、心疼万分的挫败和神志不清的癫狂,他的心脏已经像经历过多次淬炼的金属,已然脆弱万分,经不起半点情绪的波动。这时的他在给提奥的信里这么写道,"我已经接受了我不是个成功的画家这个现实,那些东西对于现在的我来说已经不重要了,我只能对你这么多年的支持表示内疚"。

他一日日地沉默下来,热烈的性格也消失不见。即使在陌生人群中,人们也一眼就可以认出梵高。这不仅是因为瘦削挺拔的骨架,也不仅是因为工装背带裤上斑驳的油彩和墨迹,而是因为他那气质迥异的面色和眼神。他留着满头蓬松的红发,短短地贴在头皮上,犹如一夜春雨后突然拔起的红色灌木,灼灼地散发着倔强和张力。他由于长期艰苦地工作，他的线条流畅而坚硬，衬上苍白的皮肤、高挺的鼻梁、深凹的眼眶和爬山虎一般死死吸住你灵魂的眼神，都让你不禁吃了一惊，认定他肯定有背后的故事，而且做好准备去倾听。

可是，在一套高级西装远比一个诚挚的眼神重要的时代，他的艺术特质又很容易被人贴上特立独行、标新立异的标签，然后被人果断地忽视和唾弃。梵高像火山峡谷里的种子，坠入一片无边无际的黑暗里。然而在这贫瘠的暗夜，他把根部顽强地往下延伸，又寻着光的踪迹把树枝拼命送上去。看过梵高画作的人一定会惊讶他不论是画向日葵或是星空，画作中浓密的色块和鲜艳夺目的颜色，谁又能想到这些颜色都是他在自我黑暗的峡谷里不屈的挣扎和生命力。颜色每烈一分，就代表生命的呐喊声响一分，生命的火力强一分，到人生后期这震耳的声音和绵延的火焰活活把他自己的生命力耗尽。最后，他这颗暗夜的种子终于参天，但至刚易折，生命的轨迹永久地停在了巅峰状态。

梵高在圣雷米的日子就是这棵大树的暮年时期。

「二」
绘制《新生》

对梵高来说,单调的精神病院生活中最值得期待的莫过于收到来自提奥的信件了,只有从信里才能窥得尘世生活的幸福和希望。这一封信件也没让梵高失望,乔安娜兴奋地告诉哥哥梵高家族即将增加新成员,一个活泼可爱的男孩会在5个月内诞生。

乔安娜的来信像燃起的一个小火苗,照亮了梵高漆黑的内心。他紧紧地握着这封来自巴黎的信,犹如小心翼翼地守护着火种。他反反复复地看着乔安娜简短的话语,仿佛看到了小提奥夫妇喂男孩牛奶、教他走路和认字的场景,那画面里的提奥脸上洋溢着笑容。"提奥要有孩子了","我有侄子了","我们家终于有新生命了",开始还在搓着手掌喃喃自语,后来就开始在原地跳起甚至跑起来,他要在第一时间和他的好友分享这个喜讯。对于他来说,提奥有了下一代比他自己结婚生子还要值得开心。

"恭喜恭喜啊,梵高,这是件大好事。"看到久被折磨的梵高那清瘦脸上露出孩童般的天真笑容,病友们真心为他感到高兴。

"我们要不要为乔安娜和提奥准备一份礼物呢?"由于梵高的念念叨叨和定时到达的书信,提奥夫妇俨然成为这儿的一员。室友们为了表达祝福,这样提议道。

第八章 巨星陨落：理智丧失，开枪自杀终陨落

"对哦，我都没想到哦，我确实要准备一份礼物，等我下次去巴黎时带过去。"这个想法立马在心底扎根，成了他疗养院生活的一项重大任务。

告别了朋友，兴奋劲儿还没褪尽的梵高一个人在花园里转来转去。提奥已然成家立业，自己仍颗粒无收，提奥增加了一份负担，以后可能不能继续支援自己的经济。这些想法又开始隐隐作祟，但是在新生的喜悦面前，这些忧虑很快消散，难得地让梵高轻松了一会儿。

送给他们什么好呢？自己没有什么收入和积蓄，买不到也买不起那些生活必需品，也拿不出给宝宝的红包。他沉思着，不知不觉地来到了疗养院的后院。不经意间看到院子角落处坐落着的那棵大杏树，杏树不再是冬天满身萧索的姿态，丑陋、粗糙满是磨损的树皮也长出了星点绿叶，原来空廓的枝丫之间开始点缀着繁复的白色花朵，沉甸甸地坠下来，犹如母亲分娩前鼓鼓的肚皮，都孕育着新生。花儿缝隙中湛蓝色的天空也是那么干净，犹如一块蓝色水晶。时间过得飞快，原来春天也来到了这儿。

不知为何，梵高的心情一下子好了很多。那个老树多么像自己啊，尽管丑陋贫瘠，但终是见识到了枯木逢春，生命以一种让人振奋的方式在延续着。梵高久久地站在那一树圣洁硕大的花瓣下，周身沐浴着安宁的光芒。他知道自己要送给新出生的宝宝什么礼物了，就画这一树蓬勃的杏树，等他长大后自然会知道这其中的深意。

于是，梵高又开始了工作，他的安静也让朋友高兴不已，只要开始画画，梵高所有的烦躁、抑郁、暴怒等负面情绪就消失得无影无踪，这简直是个画痴，所有的情绪都与画画有关。

按照梵高高效率的工作风格，这幅作品也很快完成。画的中央

就是一棵硕大的树干,上面长着怒放的白色花朵,在青色天空的背景映衬下显出一股克制和谨慎的热情。梵高对这幅画爱不释手,在它的底部写了个"新生",就给提奥寄了出去。

后来,提奥为了让哥哥高兴,给自己的儿子也起名为文森特·梵高。在叔叔和父亲相继去世后,这个小男孩在感恩和敬畏中长大,终身都奉献给宣扬梵高的画作这个使命。他也明了这幅叫《新生》的画作是来自一位故人的厚重期待和祝福,郑重地把《新生》这幅画放在博物馆的正中央。

第八章 巨星陨落：理智丧失，开枪自杀终陨落

「 三 」
悲喜交加的家庭团聚

在追求艺术的旅程上，梵高是孤独的，因为在生前他的画作并不被人认可。但幸运的是，他的弟弟提奥一直是身后坚定的后盾，不管是在情感还是在经济上。只是，人生不光只有上天揽月的豪气和理想，更加有现实之路的苦涩和泥泞。所以，艺术道路的失意也让兄弟之间产生了嫌隙和冲突，原本是最亲密的两个人也开始互相伤害。

从梵高住进阿尔勒医院到去世，梵高一共和提奥的家庭相聚了三次，每一次都以期待开始，以不愉快落幕。

第一次相聚是在提奥结婚后。提奥惦念一个人待在精神病院的哥哥，又想介绍自己的妻子给梵高认识。

梵高走上公寓的五楼，就看到笑盈盈等在门口的女子，那应该是在信中热情地介绍他们的生活、称自己为"哥哥"的乔安娜了。

"你好，梵高，我们一直在信上交流，今天可是第一次见面呢。旅途辛苦了，一定很累了吧，我为你准备好了晚饭和铺盖，快先来洗漱洗漱吧。"乔安娜热情地上前，表明自己作为这个家的女主人的主动。

"谢谢。"梵高很有礼貌地道谢，并按照绅士的礼节亲吻乔安娜

的手。

"你气色不错,感觉比提奥还要健壮呢。看到你这样,我和提奥就放心了。"乔安娜一边忙着收拾一边打量着梵高。

"是啊,我经常去外面写生,能经受大风雨的天气或者暴晒的天气,所以体质还不错。这也是我常常在信中告诉提奥的,要多接近大自然,要多外出锻炼,这样既能感受自然的美妙也能保持健康的体魄。"梵高滔滔不绝地说起话来。

乔安娜显然没想到自己的一番客气话引来了梵高的长篇大论,一时还难以喜欢他的这种谈话风格。愣了一会儿之后,她还是维系着那种主人的热情:"梵高,快来看看你的小侄子,他已经4个月了,可活泼了。我们给他起名叫文森特,就是希望他能像你这样有杰出的艺术天赋。"

梵高接过乔安娜手中的婴儿,高大的身躯立即蜷曲在一起想为婴儿提供一个最舒适的角度。他有过照料的孩子的经验,哄起小文森特还不算太笨拙。

"乔安娜,我必须要告诉你,摇篮里的铺盖不必太厚,这样会影响婴儿的免疫力。让他感受自然的温度就好。"

"嗯,我以后会注意的。快来坐吧,饭菜快要凉了。"

"好,你们先吃吧。我先把我带来的画安置一下,这些都是带给提奥的,希望他能在画展中用到。"说着,梵高就径自走进储物室安置他的那些宝贝去了,留下神情错愕的乔安娜和一边习以为常的提奥。

第一天就这么过去了。第二天早上,提奥像往常一样去上班,乔安娜早起做饭时却发现梵高早就不在卧室,惊讶于这位搞艺术的哥哥的旺盛精力。

第八章 巨星陨落：理智丧失，开枪自杀终陨落

一会儿，梵高哼着小曲，大踏步地回来，手里提着一包东西。"早上好，乔安娜，你起得也够早啊。"

"是啊，提奥早起上班，我要给他准备早餐。你呢，怎么不多睡一会儿？"

"被窝都是留给那些没有大志庸常的人的，我早起去晨跑了，清晨的空气让我精神大振。对了，乔安娜，我买了橄榄，当作早饭咱们一起吃吧。"

"橄榄？为什么？你喜欢吃橄榄吗？"

"是啊，我每天都吃，吃橄榄既能坚固牙齿也能提神，真是太棒了。和我一起享用吧。"

"你吃吧，我自从怀孕后就不吃果脯了，可能是怀孕对胃口的改变吧。"

"那可不行。有些东西必须要采用，对身体很有好处的。"梵高不由分说，把橄榄夹到了乔安娜的碗里，乔安娜暗自摇了摇头，吃了下去。

提奥不在的一整天，梵高把他独处时的那一套都搬到了这里。他把画作一一掏出来，摆在桌子、床上、椅子上等一切能看到的位置上，以便一旦想到修改某一幅画就可以在上面填上两笔。他还把提奥的储藏室里的画按照自己的创造主题重新归置了一番，把装订整齐的画分成了"阿尔勒怒放色彩"、"修道院的沉思"等主题。为了维持和在家一样的绘画状态，他也把家中的器物按照自己的习惯重新收拾了一遍，比如，窗台上不能放东西，以免挡住能给自己带来灵感的阳光。杂物必须挂在墙上，以保证自己平面视线范围的清洁和广阔。绘画时必须关上门，以免外界喧嚣会打扰思绪的流淌，这也把前来拜访乔安娜的主妇们拒之门外。梵高适应能力很强，来

到一个地方就会营造一个外人无法打扰的小世界咀嚼自己的艺术，把乔安娜的不解和喧宾夺主的苦涩也关在了外面。

一天过去了，提奥还迟迟没有回来，梵高拒绝吃晚饭，还在自己的一幅油画上涂涂画画。"乔安娜，你们不用管我，我在阿尔勒时都是一画起画来就不吃任何东西。我要赶在提奥回来之前把这幅画完成，好向他展示我的绘画新技巧。"握起画笔的梵高倔强地坚持着。

提奥今天好像有个画商间的应酬酒会，酒会上穿着精美考究的文化绅士们觥筹交错，谈的全部都是如何收购并把画卖出好价钱的锱铢事情。提奥在自己的画室统筹了一天，本就疲惫，也想回家陪陪家人，所以对这场宴请提不起兴趣。只是，在提到印象派的几个画家和他们的一些收购偏好时象征性地敬了一巡，没办法，生意还是要做的，而且以后梵高的画能不能顺利打开市场也要仰仗这些画商们。

所以，等酒会终于结束后，提奥的心灵犹如战后被轰炸过的草地，急需静谧的水流安抚修养。可是，当他回到家就发现，这也是个奢望。

推开门后，就看到狼藉般的客厅和房间，这家伙的脾性还是没有改啊。他舒了一口气，找到了埋头画布的梵高。

"兄弟，今天怎么样？"

"不错，回到这儿见到家人让我很放松，画画时心灵也很宁静。对了，我一直在等你，你怎么到现在才回来？"

"宴会罢了，怎么了，找我有事情？"

"嗯，我新画了一幅画，有一些发现。我觉得艺术家应该掌握主动权，他们的创作不能被买家的审美品位所绑架。"

"哦，是吗？可是在艺术品市场里，我们不光要考虑艺术流派

第八章　巨星陨落：理智丧失，开枪自杀终陨落

的创作，还要考虑买卖人的接受程度。你刚刚说的那些好像不太现实吧？"

"为什么呢？我在古比尔画廊工作的时候就注意到这个现象，那就是画作的艺术品位和销售状况的不平衡，甚至说是完全黑白颠倒的。那些真正在结构、笔触和色彩上有建树的画被人们认为怪异出格，而那些平庸的画作却成为畅销者。"

"对，艺术创作和艺术欣赏之间确实存在鸿沟，这是不可避免的，因为创作者和欣赏者之间的水平差异决定的。"提奥脱掉外面的西服，准备洗漱，但是他还是克制住嗓音中的疲惫，耐心回答哥哥的问题。

"愚蠢的人！自以为有点钱就有什么了不起，其实根本不知道他们漏掉了真正的瑰宝而买下了一堆垃圾。提奥，你说，为了改变这种状况，我们能不能做点什么？比如，去和艺术学院合作，给这些人开个艺术讲堂，告诉他们什么才是真正的艺术，再比如，我们可以以画廊的名义举办画家的画展呀。"

"这些我们有考虑过，但是可行度不高。这个以后再讨论吧。"

"以后以后，不要老说以后，既然我现在也在巴黎就想办法实行吧。"

"行，哥哥。我们能明天再讨论这个问题吗？今天乱七八糟的事情太多，我已经累得快虚脱了。"

"唉，我好不容易来一次，而且一直等你等到现在，你就这么打发我吗？而且你是根本不想怎么把我的画卖掉吧，所以到现在也没什么起色。"一天的等待和长期的不得志让梵高的语气有点愤怒。

"哥哥！我今天真的是累坏了。你不要多想好吧，如果不是因为想帮你把画卖了，我也不必今天和那些画商一起吃无聊的饭。你这样说，是不是太不顾及我的感受了？"积攒许久的提奥也爆发了出来。

在屋里哄孩子的乔安娜听到外面的口角赶紧跑出来把提奥拉去洗澡，也安抚梵高睡下，这样才结束暗流涌动的一天。

第二次、第三次是在梵高疾病发作日益频繁的时候，因为小文森特生病，梵高去巴黎看望提奥一家，这时候的提奥正在遭遇职场的一场危机。由于长期推崇过于先锋、销量一般的印象派画作，画廊老板早对提奥有了看法。虽然凭借自己对工作的投入提奥升到了某个画店的负责人，但他内心知道自己的职业生涯岌岌可危，于是他萌生了自己独立门户，开一间画廊的想法。作为一大家子人的经济核心，乔安娜和梵高自然加入与他关于职业的讨论中。

"提奥，我支持你离开古比尔画廊单干，和那群只看钱不看艺术质量的傻瓜合作有什么满足感？而且，你已经积攒了那么多年，无论在经验上还是在财力上都有自己创业的可能性啊。"激进的梵高遇到这种问题，总是劝着别人往前冲。

但是在掌握柴米油盐现实生活的乔安娜来说，这个建议是过度乐观、不负责任的。"我倒不那么想。现在艺术品生意也不好做，古比尔画廊这样的大机构也十分成熟。咱们贸然进入这个市场有很大风险，很有可能血本无归，连正常的生活都无法供应。咱们现在的生活也还好啊，你争取和解那些工作上的矛盾，改善下现在的处境就是了。"

"既然有能力，自己干为什么要把翅膀束缚在别人之下呢？"

"我觉得自己干还是和别人合作并不是对立的，哪个对这个家庭更有利才是应该选择的。"

"我还是觉得不应该束缚提奥的手脚，应该让他大胆放手去做。"

"我们一家人都指望着他，现在说这种话未免太冲动，一切求稳吧。"

第八章 巨星陨落：理智丧失，开枪自杀终陨落

　　提奥眼看两个人的言辞日益激烈，忙插嘴说道："现在我的情况只是遇到了一点危机，还没到特别糟糕无法忍受的境地。只是现在做任何决定都不光考虑我自己，还有刚出生的孩子、乔安娜还有梵高的事业。如果我还是单身，我可以鼓起勇气去试一下。可是，现在的情况不一样。"

　　这场争论继续了好久也没得出什么结论，但是梵高获得的清晰信息是：现在的自己是弟弟提奥除家庭之外的沉重负担，束缚着他做任何事的手脚。自己和乔安娜母子抢占着提奥的资源，从这个角度上看自己简直是他们的敌人。

　　虽然只相处了几天，提奥一家人和梵高矛盾不断。梵高只待了几天，就匆匆回到了精神病院。

「四」
带来死神的黑乌鸦

1890年5月17日,梵高因病情恶化搬到了巴黎附近的奥维尔治疗,住进了一家咖啡馆的阁楼里。在提奥的建议下,梵高找到了一位加歇先生为他治疗。令他感到意外的是,加歇医生是位热爱艺术的业余画家,参加了当年盛极一时的印象派画展,与塞尚、毕沙罗等人也有一些接触。加歇先生业余生活也作画,所以他对梵高的创作很感兴趣,也偶尔让梵高帮他指导下他的作品。这也给这位孤寂已久的心灵带来了慰藉。在这儿,他为加歇医生和他的夫人留下了肖像。

梵高虽然和加歇医生私交甚好,但对他的医疗水平抱有深深的怀疑。在他笔下的《加歇医生》的画像中,加歇医生的眼神忧郁,面色苦闷,背后是梵高画中特有的旋涡,呈向心状聚拢在他的头顶,这和梵高精神病发作时的自画像如出一辙。在梵高心中,加歇先生也是和自己一样遭受时常发作的精神疾病,每当他写信向提奥说明最近精神不佳时,提奥会向他建议去寻求加歇医生的帮助。而抱着"他一个精神不正常的人又怎么治疗我"抵触态度的梵高自然也对提奥产生了不满、责备的情绪。他本能地觉得提奥只是敷衍自己才会这样,梵高心中的郁结越来越深,他心中的孤独之歌似乎奏到了

第八章　巨星陨落：理智丧失，开枪自杀终陨落

高潮。

在圣雷米精神病院里，梵高的精神病频繁爆发，而且每次爆发的间隔更短。每次爆发的时候，梵高就开始自言自语起来，出现了幻听和幻视，甚至有一些精神幻想被迫害的内容。

一次从阿尔勒回来之后，梵高神情疲惫，径直躺倒在床上，他像平常一样的自言自语并没有引起太多人的注意。但是很快，他的动作就开始激烈起来，床也被他摇得吱吱呀呀响。

"不要杀我，不要杀我，不要跟着我，我只是想画好自己的画，我并没有想过要对他们做出什么危害的事情，不要杀我，我对他们都是很友好的。我渴望成为他们的朋友。"他痛苦地挥舞着手臂，不停叫着。这次去阿尔勒，看到自己苦心经营的黄屋已经有了新的买主，他痛苦不已，自己最惦念的阿尔勒也不属于自己了。这又让他想起了被集体驱逐的那段历史。

他的病友看到他躲在床下浑身发抖，十分心疼，想要把他扶起来。可是梵高一把把他们推开，疯了一样地往门外推，甚至威胁要用手枪射击把他们杀死，显然在进行想象中的反击。把病友驱逐出去之后，梵高又和幻想中的警察斗争了一会儿，情绪暴躁的他，抓起自己画布前一瓶香精就退了下去。激烈的身体和情绪运动也让他很快丧失力量昏倒了。

闻讯赶过来的院长发现他试图吞咽颜料自杀，于是决意把梵高所有作画的东西都收了起来。并安排了人手分时段看管他，以防他又做出什么剧烈的伤害自己的举动。也许是同情事业、家庭两边都忙得不可开交的提奥，为了不让他替梵高担心，在给提奥的信里，院长这样写道："令兄在身体和精神上，状况良好，请不用担心。"

和现在大部分漂泊在外、追逐自身梦想的理想主义分子一样，

梵高也有一个通过勤勉劳作来支撑他们梦想的家人，那就是提奥一家。他们就像太阳，用内疚和感恩这个向心力紧紧地箍住他这颗太阳系内的行星，不至于太过逃脱偏离理想化的轨道。每次提奥来信和见面除了给梵高带来幸福和喜悦感，但更多的是内疚、自责和无力：如果不是自己每个月消耗那么多钱用在作画上面，提奥也不至于在养家之余承担那么大的压力；如果自己可以自食其力，提奥一家就可以安心享受他们三口的甜蜜生活；如果自己的画作可以卖得出去，就不至于过了30岁这个而立之年还靠自己的弟弟过活。归根到底又回到那个问题，为什么自己在绘画上牺牲了一切还是得不到最起码的认可？这个问题从提起画笔起就伴随着他，形影不离。

梵高摇了摇头，似乎想把这些负面情绪摆脱出去。这么多年，他早已习惯了这种没有美誉、没有欢呼、在大自然上单打独斗，失望—希望—再失望的历程。他提着自己的画架、画布和颜料来到屋后的麦田。他像往常一样调整角度摆好画架，开始往调色盘上倒入自己常用的颜料：灰白、蓝黑、金黄。他揉了揉自己长期工作而酸痛的脖颈，凝望着这片再熟悉不过的麦田。不，上帝是仁慈的，他赐予了大自然每时每刻都不一样的景色，让有心人每一秒钟都能捡到感官上的宝藏。阡陌交织的小路上蔓延到起伏不定的麦田里，一路延伸到天上。而碧洗的天空有一个不断变幻的黑色矩阵，那是丰收季节常见的乌鸦成群盘旋在麦田上空。

乌鸦来了，是死神到来的预示吗？是自己的生活还将如此窘迫不堪吗？想到这儿，梵高的心就纠结起来。产生了一种强烈的冲动，想把此时环境带给自己的紧张和压抑全部挥洒在画布上。扭曲向下的金黄色麦田、狰狞冲锋而上的乌黑色天空和点点寒鸦就这样跃然纸上。他疯狂地舞动着画笔，似乎想把心底的委屈、不如意和脆弱

第八章 巨星陨落：理智丧失，开枪自杀终陨落

全部发泄出来。

画完之后，他早已面色苍白，满头大汗。他虚弱地倒在了地上，看了看完成的《麦田里的乌鸦》，疲惫地闭上了眼睛。只有在刚刚完成绘画的时刻，他才能忘却那些俗世的烦恼，暂时麻痹一会儿。

当他抱着画回到家里时，收到了邮差寄来的来自提奥的信，这次信里只有5法郎。梵高知道这是由于提奥在巴黎自身难保的窘境：由于只顾推销印象派的画，提奥的营业额并不理想，引得老板大发雷霆，威胁他辞职。而提奥碍于资金和人脉的限制又无法实现独立经营。这5法郎肯定是焦头烂额的提奥想着这儿的哥哥，尽量给予一点帮助。捏着这5法郎，刚刚借由画作平静下来的梵高又被忧郁击中了。

他无心吃饭、喝酒，对平日里收拾画作的爱好也失去了兴趣。他一头倒在床上，开始昏睡。而噩梦像浪头一样一个接一个地席卷过来。

梦里，提奥、乔安娜和小文森特坐在桌边其乐融融享受早餐，小宝宝吃奶，乔安娜喂提奥面包。满脸哭丧的梵高耷拉着脑袋走进来说："弟弟，我这个月需要画十幅油画，给我50法郎吧。""梵高，我最近工作不顺利，身上的钱不多，你拿走家里的桌子吧。""可是，提奥，这些不够，我还要买画笔和颜料，它们可费钱了。""那……你把椅子也当了吧。"一家三口随即站了起来，站到了墙角去啃那没吃完的一口面包。"提奥，我的画架太旧了，已经无法支撑了，我想要钱再换一把。""家里什么都没有了，但是我不能不支持哥哥你画画，要不你把我身上的肉咬掉一块去卖掉吧。"梵高眼也不眨，不顾乔安娜恐惧的眼光，步步逼近，朝提奥咬了下去，血腥的味道涌上喉咙，呛得梵高猛咳坐起来。啊，这个怪诞的梦不正是自己的写照，自己

不就是这样无情无耻无尽地剥夺啃噬提奥一家，让他们不得安生吗？从噩梦醒来，梵高若有所思，振振有词，把进来送咖啡的店员吓得放下咖啡就赶紧跑了出去。

这次噩梦彻底让醒来的梵高陷入癔症之中。他出现幻想的次数越来越频繁。有的时候看到妈妈，她穿着一身黑衣，神情严肃地对自己说："我觉得把你生下来就是个错误，你能为这个家庭带来什么？你的那些堆积如山卖不出去的画吗？醒醒吧，你是我的孩子，可是这个世界不把你当作孩子。"有的时候他还会看到高更，他还是潇洒地抽着烟斗，搂着一个高大丰满的女人，撇着嘴笑着："梵高，不要做一个苦行僧，有的时候享受一下生活也有利于你的创作。"有的时候看到凯表姐一脸嫌弃的表情："不要靠近我，我发誓我宁愿孤独一辈子，死都不会接受你，到死也不会。"更多的梦境是在那些美术馆和展览馆里，自己的心血之作被码在一个角落里，但展台前的人寥寥无几，偶尔走过去的人也投向或诧异或费解或鄙弃的眼光。"这是什么东西？"他们甩下这样一句话扬长而去，让哪怕在梦里的梵高也感到彻骨地冰凉。

噩梦—惊醒—孤独，梵高的梦里梦外竟没有一处可逃脱的地方，只是无尽的恐慌、屈辱和焦灼。他的精神也徘徊在崩溃的边缘，能看到他自言自语喊叫甚至精神分裂角色扮演的身影。在某两个昏厥的夹缝间，他知道自己推测的7月要发作的精神病终于要来了。一波波的病像狂风摧枯拉朽一般把这棵顽强的红色灌木折磨得疲惫不堪，但他有一点却特别清晰，坚持了很多年的绘画还是没有任何成效，而自己的身体精神早已拖垮，多年的拖累早已让提奥一家也筋疲力尽。

提奥濒临下岗，自己又不知道什么时候犯病，一种疲惫至极的

第八章 巨星陨落：理智丧失，开枪自杀终陨落

感觉涌上心头，不如就这样结束吧，结束这像西西弗斯一样的无尽循环，结束这种负罪和不安全感。对，就这样决定，在自己下次发病之前，一切都结束了。想到这儿，被癫狂折磨的梵高一下子清醒起来，好像人生 37 年从来没那么清醒一样。

那么，开始实施这个计划吧。他开始刻意维持自己冷静、理智的形象，这样子才能蒙混过关，获得去院子画画的机会，才能不在人的打扰下实施自己的计划。7 月 27 日，梵高和往常一样带着自己的画具来到了那片麦田。摆好画架和颜料之后，他无限留恋地看了这个让他获得无限灵感和快乐的麦田，然后静静掏出自己收藏的左轮手枪，朝着自己腹部开了一枪。再见了，这个世界。再见了，所有的卑微和无助。

枪声响起，惊起一群乌鸦，正是他最后一幅油画里的画面。也罢，以这个自己临摹已久的姿态为自己送别，这个世界对自己也算仁慈了。

不知道为什么，在那一刻，他的神志十分清晰，这场告别早就该来了，自己活得太过热烈，让自己和周围的人都苦不堪言，是时候如树叶般沉寂了。

也许是上天察觉了梵高一生中对他的残忍和吝啬，在他离开世界前终于发了一丝丝善心，给了他一份临终礼物。梵高开枪后没有直接去世，他被人抬回修道院还撑了一段时间，而他的最后一口气是咽在自己这辈子最亲的提奥怀里。提奥在他身上发现一封还没来得及寄出、已经被血染得通红的信。这封遗书中写道："说到我的事业，我为它豁出了我的生命，因为它我的理智已近乎崩溃……我的生活，从根基上被破坏，我的脚只能颠簸着走……对不起，提奥，我努力了。"

让梵高到死都愧疚、感觉无以为报的正是提奥的付出，可是对提奥来说，梵高的坚持和痛苦也是提奥努力拼搏的动力，这种付出何尝不是一种甜蜜的负担呢？不知道是不是巧合，在梵高去世 4 个月之后，30 多岁的提奥也无故去世，他的遗孀乔安娜按照他的心愿把他和自己的哥哥埋在了一起。有了弟弟的陪伴，天国里的梵高也不再孤寂。

他热切地渴望被世人承认，又迎头被泼上冰冷的、拒绝的冰水，一次次的热冷交替，他的自我像一块金属，不停地膨胀收缩，终有一天超过了延展的极限，彻底断裂。

第九章 身后盛名

绘画明星，唤醒良知的世界

梵高生前并没有大富大贵的人生目标，他只是希望自己的画作被认可，提奥的资助得到回报。可是他一生潦倒，颗粒无收，抱憾而终。讽刺的是，在他死后，他的每一幅画作都被拍卖出了天价，他自己都被标上了天才之作的标签。生前孤寂、死后盛名似乎也成了很多艺术家的共同命运。所以，梵高的一生值得我们思考，我们到底应该以怎样的眼光和态度看待这些行为举止异于常人的艺术家？梵高式的悲剧能否避免？

第九章 身后盛名：绘画明星，唤醒良知的世界

「一」
姗姗来迟的盛名

在现在的艺术世界，梵高的名气远远超过了当年自己崇拜的莫奈、阿尔纳和高更，成为后印象派赫赫有名的开创者，也被后来的主观主义和野兽派艺术家们引为先贤，提供了源源不断的灵感。

在荷兰、伦敦、法国的博物馆里，人们蜂拥而至，像评论家那样有模有样地欣赏他笔下那些怒放的花朵、扭曲的星空、劳作忧郁的人类和充满张力的静物；他和他弟弟被向日葵包围的坟茔也一年到头接受着来自世界各地人们的悼念和追思。

梵高成了才华横溢的艺术家的代名词。"他是一朵深陷泥沼却永远向着太阳的向日葵"，"在这儿，他的艺术人生和南方的太阳和星空融合，得到了永生"，人们总是不吝啬他们的溢美之词；人们的欣赏也极为慷慨地被兑换成了现金，他的画作屡屡拍出震惊世人、打破历史纪录的高价：《加歇医生像》《鸢尾花》《向日葵》《没有胡子的自画像》分别在拍卖会上拍出 8250 万美元、5390 万美元、3950 万美元和 7150 万美元的高价，成为艺术史上成交价最高的单品。

人们对梵高生活的各个细节都兴趣高涨，研究梵高的电影、传记层出不穷，各种协会也建立起来。而夸张的是，为谋求高利，甚

至专门出现了一个个产业链条齐全的犯罪团体，研究梵高绘画的特点、风格和细节，雇用画手进行统一培训，大规模仿制赝品，进入市场流通。一时间，市面上梵高的赝品也数不胜数。

「二」
我们的追思

当年穷困潦倒、觍着脸向周围人寻求经济资助、画作无人问津的梵高如果看到现在的荣耀,肯定会感到受宠若惊,就像饿久了的人猛地看到食物,第一反应是惊愕而不是饱腹。依他的性格,估计也会感到愤怒:当时流落街头、孑然一身,在小画室靠画画和酒精来抵御身体的饥饿,在毒辣的日头和摇摆的风里困难地固定画布,挥洒自己的创意,在精神病院忍受噩梦的折磨,被全镇的人联名举报要求离开阿尔勒小镇,一辈子画作成堆却只卖出一幅,最后在辽阔的麦田一个人举枪自杀。在这些悲惨的时刻,但凡有一点点这样的温暖,他的一生都不至于这么悲剧。

可是,就算梵高现在在世,这样的悲剧就不会发生吗?答案很可能是,悲剧还是会重演。钱钟书在面对《围城》的狂热粉丝提出的见面请求时曾说过:"如果你喜欢吃鸡蛋,为什么一定想见那只产出蛋的鸡呢?"是啊,如果见过在泥土和鸡粪里翻滚生产的鸡,谁也不敢保证还喜欢外形优雅、营养丰富、香味扑鼻的鸡蛋。

就算我们如现在一样欣赏梵高画作里的跳跃的色彩、冲击性的外形和勃发的生命力,如果你看到外形瘦削、身材佝偻的这样一位艺术家,如果你和他交谈,发现他表达不清,结结巴巴,如果你和他有争议,发现他固执己见,偏执强势,如果你和他合作,发现他以自己的创作为重,自私淡漠,你还是会像现在这样狂热地仰慕他吗?换句话说,我们倾倒于画家的浪漫主义表达,却又排斥甚至鄙视产生这浪漫主义花朵的丑陋土壤。再换个角度看,在我们现实生活中,会不会也生活着很多梵高,他们呕心沥血却寻梦无门,他们凄惨悲愤却可能到死后才获得应有的盛名。

这些悲剧,是不是应该让我们警醒,反省我们身上的恶疾?

作为艺术的消费者,我们总是对艺术家苛刻不已,除了苛求他们品位独特、技艺高超,我们还苛求他们雄才善辩、口若悬河,苛求他们大方得体、长袖善舞,苛求他们纯洁道德、恪守崇高。对我们而言,艺术是超脱乏味单调现实的高尚存在,艺术家有义务为我们打造纯洁的乌托邦供疲惫复杂的我们休憩净化。我们却忘记,艺术家也是常人,他们只需负责把他们的艺术感悟和见解转化为声音、色彩或文字的艺术产品,那些附加的义务我们尚且没有能力去承担,何必要施加在他们身上?

我们要对艺术家多一些宽容。比如,艺术家的性格和艺术创作的特殊性。艺术家要想取得比别人更别致、深邃、震撼的艺术体验,必须要有非凡的细腻和敏感,把生活的庸常提炼成艺术的精华。我们享受艺术家给我们生活带来的别致体验,就要接受他们不同于常人的精神风貌。

约翰·德莱顿说:"天才与疯子比邻,其间只有一纸屏风。"杜甫也写过:"文章憎命达。"那些震古烁今的文学家、艺术家之中,很多罹患疯癫、抑郁、人格分裂等精神疾病。他们用他们自己的艺术天赋为我们寻找人生真谛,但他们很少能够体会到尘世幸福,这就是上帝施加在文艺创作者悖论的"魔咒"。

第九章 身后盛名：绘画明星，唤醒良知的世界

让我们来看看历史上像梵高一样受精神疾病折磨，有着违背道德、特立独行为表现的艺术家们吧。名单很长，长到让我们心痛：

写出让人毛骨悚然恐怖故事的爱伦·坡长期遭受抑郁症和精神衰弱，脾气暴躁易怒；

写出《老人与海》《丧钟为谁而鸣》《太阳依旧升起》，剖析战争罪恶的海明威饮酒无度，最终因抑郁症自杀；

写出《竞选州长》此类讽刺小说的美国作家马克·吐温深受抑郁症折磨，在妻子和儿女离世后孤苦终生；

弗吉尼亚·伍尔芙因为不堪忍受抑郁症带来的幻听、幻觉而选择自杀；

因扮演搞笑无厘头的"憨豆先生"而出名的英国表演艺术家罗温·艾金森在荧屏之下身患抑郁症，他给亿万观众带去了欢乐，却唯独给不了自己。

名单上还有毕加索、尤金·奥尼尔、菲茨杰拉德、西奥多·德莱赛、乔治·艾略特……

文艺家的精神状况和特殊性值得我们重视，我们应当调整看待他们的态度。

我们应该提高自己的审美品位，开阔心胸，为艺术提供市场空间。此外，我们也应该对文艺多一点宽容，积极拥抱新的文艺形式，为艺术提供成长发展的空间。

艺术家有探索新的艺术形式、挑战自己的本能，这也是文学艺术欣欣向荣、创造井喷的重要原因。现实派、理想派、印象派、现代主义、后现代主义……各个流派汲取前一个流派的营养又自身创造突破，形成艺术史上螺旋上升、百花争艳的局面。而每一种艺术都有自己的成长、繁荣和衰落的周期。所以，当一种新鲜的艺术形

式出现时，我们不应该恶语相加、批判对立，而是应该客观评价其中的优劣，积极鼓励，提供良好的增长环境。

如果当年梵高画作所到之处，人们的第一反应不是嫌弃它和写实派的差异之大，而是仔细比较、讨论、欣赏两种不同的艺术形式，梵高的生活境遇就不会那么惨淡。虽然说生活的坎坷导致了生命体验的丰富，我们还是希望为我们带来如许快乐和艺术震撼的艺术家能够活得轻松、快乐一点，享受更多尘世幸福。